한글 6천 년

한글 6천 년

한글의 기원을 알면 잊혀진 역사가 보인다

이태호 지음

정신세계사

한글 6천 년

ⓒ 이태호, 2015

이태호 지은 것을 정신세계사 정주득이 2015년 8월 21일 처음 펴내다. 이균형과 김우종이 다듬고, 김윤선이 꾸미고, 한서지업사에서 종이를, 영신사에서 인쇄와 제본을, 김영수가 기획과 홍보를, 하지혜가 책의 관리를 맡다. 정신세계사의 등록일자는 1978년 4월 25일(제1-100호), 주소는 03040 서울시 종로구 자하문로 21 4층, 전화는 02-733-3134, 팩스는 02-733-3144, 홈페이지는 www.mindbook.co.kr, 인터넷 카페는 cafe.naver.com/mindbooky이다.

2015년 8월 21일 펴낸 책(초판 제1쇄)

ISBN 978-89-357-0392-0 03910

이 도서의 국립중앙도서관 출판시도서목록(CIP)은 서지정보유통지원시스템 홈페이지(http://seoji.nl.go.kr)와 국가자료공동목록시스템(http://www.nl.go.kr/kolisnet)에서 이용하실 수 있습니다. (CIP제어번호: CIP2015020873)

머리글

우리나라는 스스로 찬란하고 유구한 문화를 가진 유서 깊은 나라라는 사실을 조상 대대로 자랑스럽게 여기며 후손들에게 이를 가르쳐왔다. 허나 그 언제인가부터 이러한 가르침들이 흐려지고 갖가지 못난 생각들이 퍼지기 시작하였다. 못난 생각에 잘못된 정신이 박힌 지도자들을 더욱 많이 양성해가니, 갈수록 나라가 쇠미해져서 다른 나라를 윗전으로 떠받들고 그 나라 백성을 상전으로 여기는 못난 나라가 되었고, 급기야는 제 나라를 몽땅 빼앗기고 남의 종살이를 하기에 이르렀다. 이는 제 나라의 역사를 제대로 알지 못하여 자긍심을 가지지 못했던 데서 기인한 것이다.

특히 고유한 문자라는 것은 장구한 세월에 걸쳐 갈고 닦아지면서, 그 문자를 사용하는 사람들의 생각과 사상이 녹아 들어가서 그들의 역사와 사고의 방대한 창고이자 동시에 아늑한 고향과 같은 역할을 하는 것이다. 우리나라 사람들은 아주 오래전에 나라를 세웠고, 다양한 형태의 고유문자를 발전시켜왔다. 허나 많은 사람들이 세종대왕이 만든 훈민정음(訓民正音)을 한글의 모든 것이라 잘못 알게 되면서, 우리나라 고유문자의 역사는 600년에 불과하게 축소되고 말았다.

세종대왕은 "훈민정음을 반포한다"고 하였지 조선문자(朝鮮文字)를 창제하였다고 한 적이 한 번도 없다. 여기에는 단지 정통성이 없는 조선왕조의 창업을 정당화하려는 여러 가지 정치적인 이유가 개입되어 있었던 것이다. 그리하여 수많은 사실들이 호도되고 소멸되어 단지 정인지가 남긴 자방고전(字倣古篆), 즉 "한글의 자모는 아주 옛날 우리의 고유문자를 본뜬 것이다"라는 단지 네 글자의 단서만이 현재까지 남게 된 것이다.

　　다행히도 집안에 전해 내려오는 상고한글 구전과 여러 분들의 힘으로 모아진 가르침들, 그리고 구전 및 일부 사료의 도움을 받아 한글 자모에 대한 비밀을 밝힘으로써, 어둠 속에 잠들어 있는 6천 년 역사를 밝히는 작은 횃불의 역할을 하고자 이 책을 출간하는 바이다.

책을 열며

이 책의 목적은 광복 70주년을 맞이하여 진부한 일제 식민사관 타파의 단초를 제공하는 것이다. 문화의 정수는 그 문화 고유의 문자에 담겨 있다. 고고학자들에 의하면 최소 3만 년 전부터 문자가 존재했다. 이는 인류가 최초로 추상적인 개념을 그림으로 남긴 약 7만 년 전의 유물로부터도 충분히 추정이 가능하다.

아주 초기의 문자는 처음에는 각종 사물의 형상을 그대로 그리는 그림문자였다. 그러다가 거기에 상징성이 부여되면서 체계를 갖춘 기호로 발전하고 신성한 권력의 상징으로도 변형되면서 점차 문자 체계가 논리성과 고도의 철학적 의미를 갖추게 된 것으로 추정된다.

아주 오래된 문자들은 전쟁과 학살을 통해 그 문자를 만든 조상의 후예가 전멸하면서 그 흔적을 찾아볼 수 없게 되었다. 예를 들면 고대 로마자의 경우, 서로마 제국이 멸망하면서 로마 고유의 전통을 간직해오던 순종 로마인 2만 명이 학살되면서 함께 사라졌다. 그리고 동로마 제국이 멸망할 때도 콘스탄티노플에서 20만 인구 중 쓸 만한 남자 5만 명이 학살되어 사라졌다. 그 결과 지금의 유럽학자들은 로마자에 담긴 원래 의미를 모르게 되었다. 즉 로마 신관들이 처음 사용했던 신성 로마문자의 의미가 절전(絕傳)되었다.

그러나 전 세계적으로도 특이하게, 한국인은 쉼 없는 역사적 부침에도 불구하고 구성원의 대부분이 학살당하는 참극만은 면해온 덕에 아주 오래된 전승들이 깊은 산골에서는 1970년대 초반까지도 전해져왔다. 이를 많은 분들의 도움으로 채록하여 본 책을 집필하게 되었다.

현재 한국인의 사고체계를 장악하고 있는 일제 식민사관에 대해 고찰해보자. 일제 식민사관은 19세기 서양제국주의 역사관의 아류에 불과한데, 여기에 역사적 사료들의 조작과 왜곡이 더해져서 과학적인 관점에서 볼 때는 그 수준과 전체적인 신빙성이 극히 낮은 것이다. 당시 일제의 조선사 편찬을 주도한 사람들은 일본의 20대 청년들로서 보유한 지식과 소견이 일천한 사람들이었다. 이들은 일본 역사 2,600년을 훨씬 뛰어넘는 조선의 역사를 왜곡하기 위해 수없이 많은 희귀한 서책들을 수탈하고 고고학적 유물들을 일본으로 빼돌렸다. 그 결과 광복 직후 한반도에는 이를 극복할 자료가 남아 있지 않게 되어 일제 식민사관이 아직도 정설로 받아들여지는 개탄스러운 지경에 이르렀다.

하지만 한국역사뿐 아니라 기존의 인류역사까지 수정할 수 있는 수많은 발굴이 이루어져 왔다(비록 아직은 그중 많은 성과들이 무시되고 사장되어 있지만). 20세기 이래로 전 세계적으로 수많은 고고학적 발굴이 이루어져 19세기까지의 역사 인식은 오류가 무척 많고 자가당착적인 것임이 밝혀진 지 오래다. 따라서 이를 근간으로 한 서구제국의 사관과 일제 식민사관은 그 종말을 고할 때가 지난 것이다.

한반도에 사는 한국인의 조상은 어디에서 왔는가. 여기에 대한 해답은 프랑스 파리에 있는 인간박물관에 있다. 한국인의 혈액형 분포는 O형이 인구의 과반수를 넘는 특이한 형태이다. 이 한국인의 혈액형 분포와 페르시아인, 서역인의 혈액형 분포를 섞으면 중국인의 혈액형 분포가 된다. 이는 공자가 이야기한 일동일서(一東一西)와 부합한다. 또한 한국인의 혈액형 분포와 아이누 족의 혈액형 분포를 배합하면 일본인의 혈액형 분포와 일치한다. 한국인의 혈액형 분포에 중앙아시아 지역 원주민의 혈액형 분포를 배합하면 몽골인의 혈액형 분포가 된다. 즉 한국인이 아시아의 원종(原種)임을 알 수 있다.

중국 대륙의 평야지대를 인공위성으로 관찰해보면 평야의 90퍼센트 이상이 지난 1만 년 동안 퇴적된 것임을 알 수 있다. 그리 멀지 않은 과거에 엄청난 홍수가 수시로 일어나 강물이 범람했었다는 뜻이다. 그러다가 약 5,500년 전 홍수가 조금 잦아들자 그때부터 사방에서 사람들이 이주해 들어간 것이다. 이는 〈산해경(山海經)〉에 있는 "짐승들만 우글거리는 나라를 개척했다"는 말과 일치한다.

한반도에서는 약 5만 년 전 구(舊) 인류가 사라졌다. 그 후 한국인의 조상이 풍부한 수산자원 및 사냥감들을 바탕으로 지속적으로 이 땅에 살아왔고 인구도 크게 증가했다. 물론 당시에는 국경이 없었으니 많은 종족이 교류하는 가운데 한국인의 원형이 서서히 형성되었다고 보아야 할 것이다.

한반도에서는 인구의 증가로 충분한 노동력이 확보되자 매우 일찍부터 농업이 시작되었다. 청주 소로리에서 발굴된 약 1만 4천 년 전의 볍씨는 야생종이었으나 일산 신도시를 개발할 때 유적발굴팀이 각고의 노력 끝에 발견한 5,020년 전 열두 알의 볍씨는 재배종이었다. 즉 그 당시에 이미 조선시대와 같은 형태의 벼농사가 있었다는 것이다.

이는 곧 우리 조상들이 아주 오래전부터 문화를 발전시켜왔으며, 그 과정에서 선구적으로 문자(상고한글)를 만들어 주변 지역의 문자 제작에 큰 영향을 미쳤다고 해도 하등 의아할 것이 없는 환경이었다는 의미이다. 사대주의자들이 고귀한 서책들을 모조리 불태우고 은닉한 탓에 이와 관련된 정보를 쉽게 접할 순 없으나, 깊은 산중에 잔존하는 그 편린들을 채록하고 근자의 국내외 고고학적 발굴자료들을 합하여 한글의 원래 의미를 제대로 풀이하고자 이 책을 펴내는 바이다.

한글의 역사는 우리가 현재 알고 있는 것보다 훨씬 장구하다. 흔히들 한글은 세종대왕이 만든 훈민정음으로부터 시작되었다고 하는데, 정인지는 혜례본(解例本) 발문에 훈민정음의 자모는 옛날 신성 문자인 전서(篆書)를 본떴다고 명시하였다.

뿌리 없는 나무가 있을 수 없듯이, 한글은 장구한 세월 동안 무수히 다듬어져온 문자가 세종대에 이르러 훈민정음으로 정리된 것이다. 따라서 이에 대해 광복 이후 및 그 이전에 발굴, 발견된 유물과 유적에 새겨진 명문들을 옛날 구전들에 따라 새로이 해석하여 한글의 변천사를 어느 정도 개괄적으로 알아볼 수 있도록 하였다.

이 책의 1장에서 5장까지는 6천 년 전 황해 연안을 따라 산재하던 신시(神市) 문화의 한 면모를 알게 해주는, 한반도 남부 남해도에 현존하고 있는 신시고각(神市古刻)에 얽힌 이야기와 새로운 해독 내용을 수록하였다. 6장에서 8장까지는 동시대 또는 더 오래된 유물에 있는 명문을 해독하여 수록하였다. 9장에서 19장까지는 그 이후에 한반도와 중국대륙 등에 산재한 유물들에 기록된 상고한글의 의미를 해독하여 수록하였다.

20장에서 23장까지는 단군에 대한 구전과 단군 조선의 위치를 고찰하였다. 24장에서 28장까지는 상고한글 자판을 풀이하기 위한 전승들을 소개하였다. 29장에서 39장까지는 상고한글 자판을 풀 수 있는 비교 자료와 구전들을 소개하였다.

40장과 41장은 한글 자모와 가림토문에 의한 진리훈을 소개하였고, 42장과 43장은 한글의 묘용을 활용한 수련법을 소개하였다. 44장에서 46장까지는 한자와 돌궐 문자에 영향을 준 한글에 대해 고찰하였다. 47장에서 49장까지는 마한에서 고려시대까지의 한글 유물에 대해 소개하였다.

50장에서 53장까지는 훈민정음 창제에 얽힌 이야기들을 소개하였다. 54장에서 57장까지는 훈민정음과 선도적 전승의 비교 및 훈민정음의 전승과 그 위계에 대해 고찰하였다. 58장은 귀중한 옛 기록들의 수난에 대한 전승들을 소개하였고, 마지막 장인 59장에서는 상고한글 자판의 재해석을 통한 새로운 천 년의 한글의 발전 방향을 고찰하였다.

차례

머리글　*5*

책을 열며　*7*

1.　신시와 봉래신선국　*15*

2.　남해도의 신시고각과 서시 관련 구전　*22*

3.　남해도 신시고각의 내용에 대한 일제 강점기 동안의 해석　*25*

4.　옛날 한글 자모의 뜻을 불어넣어 풀이한 신시고각의 내용　*28*

5.　신시고각 주변에서 전해지는 이야기들　*30*

6.　한반도와 주변 지역의 토기 각자 해독　*32*

7.　태호 복희씨와 여와가 가르치고 있는 한글　*34*

8.　창러 문자와 그의 변화　*37*

9.　남원 고인돌에 새겨진 작대기 한글 해독　*41*

10.　전자 기록 유물 및 각 전자들의 의미　*43*

11.　은나라 한글 해독　*47*

12.　상나라 갑골문자의 사례　*50*

13.　서주시대의 문자 사례　*53*

14.　동주시대의 문자 사례　*56*

15.　해방 후 한강변에서 출토된 단군기록 유물　*58*

16.　별나라 조선의 기록 유물　*63*

17. 춘추전국시대의 한글명문 해독 66

18. 상고시대 후기에 인도로 간 한글명문 해독 70

19. 이서국 한글석비 해독 73

20. 단군의 의미 75

21. 단군에 관한 조선 도인들의 노래 79

22. 단군 구월조서 82

23. 바다로 둘러싸인 조선, 즉 해중조선은 어디에 있었는가 87

24. 하도와 낙서의 의미 93

25. 천부경 이야기 96

26. 도인들이 구전한 상고 천부경 관련 이야기 101

27. 고령 알터 바위 암각문 해독 104

28. 구한말에 채록된 상고한글 관련 선도 수련결 108

29. 상고한글 자판에 얽힌 이야기 112

30. 도인들에게 전승된 상고한글 자판과 그에 내포된 사상 115

31. 정인지의 훈민정음 서문 121

32. 상고한글 해독의 열쇠 123

33. 한글과 오행 및 천문의 연결고리로서의 윷놀이판 126

34. 잼잼과 곤지곤지 속에 담겨 있는 한글의 비밀 128

35. 천문으로 풀어지는 한글 자모 129

36. 한글 글꼴에 담긴 원방각의 변화 135

37. 한글 자판과 예로부터 내려온 전승으로 푸는 한글 자음의 비밀 137

38. 한글 자판과 예로부터 내려온 전승으로 푸는 한글 모음의 비밀 143

39. 진성 이씨 집안에서 전승되어 내려오는 상고한글 관련 구전 *145*

40. 한글 자판과 한글 자모로 풀어지는 진리훈 *147*

41. 한글의 묘용을 활용한 오음 수련법 *149*

42. 천부경과 한글의 묘용을 활용한 암송 수련법 *151*

43. 진시황에 의한 중원 통일문자 소전에 대한 이해 *153*

44. 한글 모음 동경 유물 *158*

45. 고 돌궐 문자는 고구려 한글의 유산이다 *160*

46. 고구려 한글의 기틀이 된 가림토문이 나타내는 진리훈 *165*

47. 마한 한글, 가야 한글, 신라 한글 및 백제 한글에 대한 고찰 *167*

48. 발해 한글과 통일신라 한글 *175*

49. 고려 한글, 즉 언문과 그 유물 사례 *178*

50. 조선조 창업 직후 이성계에 얽힌 한글 이야기 *188*

51. 세종대왕의 훈민정음 창제 배경 *189*

52. 고려의 마지막 공주와 세종의 셋째 딸 이야기 *192*

53. 최만리의 상소문으로 본 조선 초 사대주의자들의 시각 *195*

54. 보우대사의 업적과 훈민정음 한글 전승의 보루 *198*

55. 훈민정음 해례본의 새로운 자모 해석법과 선도 전승과의 비교 평가 *204*

56. 훈민정음 반포의 의의와 조선시대 한글 변천에 대한 고찰 *213*

57. 한글 소멸의 심대한 위기와 그의 부활 *214*

58. 옛 기록을 지키려는 자와 빼앗으려는 자 *216*

59. 새로운 천년을 위한 한글 발전 방향에 대한 고찰 *230*

저자 후기 *233*

1

신시와 봉래신선국

예로부터 도인들에게 전해지는 구전에 의하면 모든 글자의 최초 기본은 그림문자에서 온 것이다. 그리고 우리나라의 근본 뿌리는 신시(神市)로부터 나왔고, 신시에서 봉래(蓬萊)가 나왔다고 한다. 환웅이 연 신시로부터 따지면 그 역사가 6천 년이 넘는다고 한다. 우리나라의 최초의 나라이름, 즉 국호는 봉래신선국(蓬萊神仙口)이었다.

조선시대 말기를 사셨던 필자의 외고조 할아버지는 이천 서씨로서 한때 무과에 급제하여 무관으로 출사(出仕)를 하셨다. 활을 아주 잘 쏘아서 전국 궁술대회에서 1등과 2등을 여러 번 하셨다고 한다. 홍색지에 옥새가 찍힌 표창장은 1등을 하여 받은 상장이고 청색지에 옥새가 찍힌 표창장은 2등을 하여 받은 상장이라 하는데, 어렸을 때 외가에서 이런 상장을 여러 장 보았다.

외고조 할아버지는 나이 중년에 들어 관직에서 물러나 있었는데, 당시 한양의 권문세가 자제와 시비가 붙어서 그를 징치(懲治)한 것이 빌미가 되어 보복을 당할 위기에 봉착하였다. 그리하여 한 3년 정도 피해 있을 요량으로 한양을 떠나 금강산으로 향하였다. 금강산 근처에 가서 보니 아무래도 금강산은 이목이 번다한 곳이니 혹시 소문이 한양으로 흘러들어 가서 자객들을 보내어 위해를 하려 든다면 문제가 더욱 커질 것 같았다. 활을 쏘아 그들을 처치한다 해도 큰 문제이고, 그렇다고 적당히 혼쭐을 내어 쫓아 보내기도 마땅치 않은 일이었다.

외고조 할아버지는 더 큰 화가 미칠 것을 우려하여 깊은 산중에 당분간 은신하기로 하고 적당한 곳을 살펴보셨다. 그때 당시에는 설악산은 인적이 아주 드물고 호랑이를 위시한 큰 짐승들이 우글거리는 단지 이름 없는 큰 산이었다고 한다. 그리하여 설악산 깊은 곳에 거처를 정하고 지내다가, 그 근처에서 수행에 정진하고 계신 도인을 스승으로 모시고 3년 동안 수련을 하셨다고 한다. 외고조 할아버지가 손자인 외할아버지에게 그 일화들을 전수하였고, 외할아버지가 또 손자인 나에게 그 이야기를 해주어 이렇게 후세에 전하게 되었다.

그 도인이 전해준 바에 의하면, 나라의 형태를 다시 갖춘 것은 환웅(桓雄)이 시초이고, 그때 나라 이름을 봉래신선국(蓬萊神仙□)이라 하였다 한다. 이 구전과 여러 선생님들의 이야기 및 산중에서 만난 이들의 여러 이야기들을 들어보니 그 변천되어 온 맥을 알 수 있었다. 즉 아주 멀고 먼 옛날에 환국(桓□)이 있었다고 하나 너무나 아득히 먼 일이었다고 한다. 나라의 형태를 다시 갖춘 것은 환웅이 시초이고, 그때 나라 이름을 봉래신선국이라 한 것이다. 환웅은 태백산 신단수 밑에서 새로이 나라를 열었음(開國)을 선포하고 밝음이 가득한 도시(神市, 일명 광명光明의 도시)를 열어 백성을 교화하였다.

아득한 세월이 흘러 그 덕이 쇠하자, 환웅의 후손 중에 밝은 깨달음이 충만하신 이를 새로이 추대하여 단목(檀木)의 터에서 다시 나라를 여니 이가 조선(朝鮮, 새로이 다시 솟아오른 광명의 나라)이다.

신시는 신(神)과 시(市)를 더하여 만들어진 조어형 글자이다. 먼저 신(神)의 원래 모양은 다음과 같다.

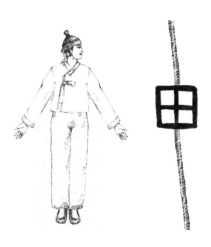

신(神)의 원래 모양

이를 해석하면 상투를 튼 사람이 하늘과 땅을 잇는 진리를 본다는 뜻이다. 상투는 하늘에서 내려와 만물의 영장인 사람이 되었다는 것을 상징한다고 한다. 또한 이는 봉래인과 조선인, 그리고 그 후손들의 징표였다, 아주 먼 옛날의 밭 전(田)은 임금 왕(王)을 세로와 가로로 포개놓은 형태이니 이는 하늘과 땅과 사람을 잇는 진리와 과거와 현재 그리고 미래를 잇는 연결고리로서의 진리를 의미하는 것이니 신성한 절대 진리를 상징한다.

진리에 대한 상고시대의 개념

　시(市)의 원래 의미는 나무와 풀이 무성한 땅을 의미한다고 한다, 즉 무엇이 무성하게 많은 곳이라는 뜻이다. 따라서 신시의 의미는 하늘과 땅을 잇는 상투 튼 사람들이 많은 땅이라는 뜻이다. 이는 〈삼국유사〉에서 환웅이 3천 명의 사람들을 거느리고 태백산 신단수 밑에서 즉위식을 했다는 말과 일맥상통한다.

　봉래는 음차(音借), 즉 한자의 소리를 빌려 적은 것이라 한다. 본뜻을 한자로 풀이하면 광명국(光明國)이다. 즉 광명을 숭상하는 무리가 이룩한 나라임을 나타낸다. 그리하여 사마천이 이야기한 삼황오제(三皇五帝) 중 삼황시대가 이를 나타내는 것이다. 황(皇)이라 함은 임금 왕(王) 위에 흰 백(白) 자가 있는 것으로 곧 태양왕을 상징한다.

　삼황을 천황(天皇), 지황(地皇), 태황(太皇)의 세 가지로 나누어 태황이 가장 존귀하다고 한 이유는 다음과 같다. 천황은 아주 먼 곳에서 이주해와서 새로이 태양을 숭상하는 나라를 연 효시임을 의미한다. 지황은 그 강역을 꾸준히 넓히는 것을 의미한다. 태황은 충분히 강역이 넓어져서 주위의 모든 부족이 모두 그를 성스러운 통치자로서 숭배함을 의미한다. 고구려의 국왕이 태왕(太王), 즉 모든 왕들의 왕을 칭한 것과 마찬가지 의미이다.

　신선국(神仙口)이라 함은 신선들이 다스리는 나라임을 의미한다. 신선의 선(仙)을 원래의 그림으로 표현하면 다음과 같다.

선(仙)의 원래 모양과 의미

즉 신선의 원래 의미는 '산중수련을 하여 하늘과 땅을 잇는 진리를 환하게 보는 상투 튼 분'이라는 의미이다. 여기에서 사람 인(人)자는 합장 기마세의 자세를 의미한다. 나라를 표현하는 한자의 원래 문자인 口은 옛날 상고시대에는 신성한 언약에 의해 나라의 경계가 정해졌고, 따로 도성이 있어 거기에 왕이 사는 방식은 아니었음을 의미한다. 즉 산중수련하여 진리를 환하게 보는 분을 백성들이 모셔서 나라의 지도자를 삼으니, 따로 도성이 없고 무력에 의한 충돌도 없어 성곽과 무기가 필요치 않았다는 것이다.

후대에 만들어진 나라 국(國) 자는 나라 가운데에 도성(都城)이 있고, 그 도성에는 백성의 생살여탈권을 쥔 왕이 있다, 창, 즉 병장기로써 나라의 영역을 확보하고 국경에 크고 작은 성벽들을 쌓아서 확보된 영역을 지켜야 하는 시대적인 상황을 표시한 글자이다.

신시에서 유래한 봉래에는 환웅이 계시고 환웅은 풍백(風伯), 우사(雨師), 운사(雲師)와 더불어 중요한 국사(國事)를 논의하고 그 밑에는 360명의 대소 신하가 있어서 나라의 모든 일을 처결하였다고 한다. 봉래에서는 광명을 숭상하였으니 그 국민으로서 광명정대함을 행동의 근본으로 삼으며 학문정진에 힘쓰는 자들을 선비라 칭하고, 그 선비들이 지향하는 바가 군자이니 주변에 사는 부족들이 봉래의 별칭을 군자국(君子□)이라 하였다. 즉 선비와 군자는 모두 봉래 문화에서 기인한 개념이다.

근년에 산동성에서 발견된 대문구(大汶□) 문화의 토기는 대략 4100~4600년 전 유물로 추정되고 있다. 거기에 새겨진 속칭 아사달 문양은 다음과 같다.

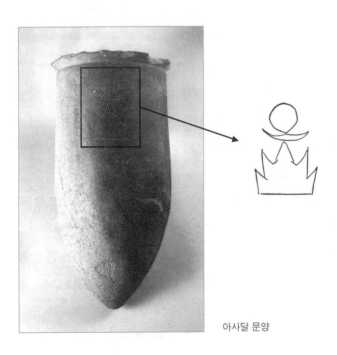

아사달 문양

아사달 문양을 자세히 살펴보면 봉우리가 다섯 개 있는 큰 산 위에 구름이 떠 있고 그 위에 태양이 빛나고 있는 형상이다. 일반적으로 산을 표현하는 데에는 봉우리를 세 개로 표시하는 데 여기에서는 봉우리가 다섯 개다. 이는 이 산이 가장 중요한 태백산(太白山)임을 의미한다.

이 문양을 상세히 풀이한다면, 산중수련을 통해 높은 도덕을 갖추신 분이 태백산에서 나라를 열어 구름 위의 태양과 같이 광명정대함으로 만물을 다스린다는 의미이다. 이 문양이 앞에서 언급한 삼황의 황(皇)의 원래 형상임을 알 수 있다.

대문구 문화가 산동성과 강소성의 북부, 하남성의 동부에 분포되어 있는 신석기 시대의 문화유적임을 감안하면, 바로 이곳이 환웅이 다스리던 지역임을 알 수 있다. 또한 이 지역에서 가장 높고 신성시되는 산은 산동성의 태산(泰山)이니 〈삼국유사〉의 태백산이 바로 이곳 태산임을 알려주는 것이다. 실제로 고대에는 태산의 한자 이름이 태산(太山)이었다고 전한다.

2

남해도의 신시고각과 서시 관련 구전

1980년대 후반에 남해도에 여행을 가서 70대 중반에 가까운 나이에 약국을 하고 계시던 서 선생님을 만나서 여러 가지 재미있는 이야기를 들었다. 그분은 해방 직후, 즉 1945년 9월 초에 남해도 신시고각(神市古刻)에서 탁본을 떴는데, 이것을 축소복사해서 일목요연하게 살펴볼 수 있도록 만든 자료를 내게 건네주셨다.

서 선생님이 전해준 바에 의하면, 남해도에는 서시(徐市)에 관련된 구전이 있다고 한다. 방사(方士)였던 서시는 진시황의 명을 받고 불로초를 찾는다는 명목으로 배를 타고 여러 곳을 다니다가, 다시 진시황에게 주청하여 멀리 바다 건너 동쪽으로 나아가겠다고 하여 허락을 받았다. 한데 그는 떠나기 전에 자신의 친척들과 가족들에게 자신이 떠나면 진시황의 손길이 미치지 못하는 먼 곳으로 피신하라 하였다. 진시황의 허락을 얻을 때부터 다시는 돌아오지 않을 생각을 하고 떠났던 것이다.

그는 동남동녀(童男童女) 각 500명씩과 궁수 500명, 도합 1,500명 이상을 대동하고 배를 타고 출발하였다고 한다. 이런 대규모의 선단을 이끌고 먼 뱃길을 돌아 남해도에 도착한 그는 그곳에 잠시 머물면서 주위의 사정을 살핀 후에 진시황에게 전령을 통해 편지를 보냈다.

그 편지의 내용은 주위에 사나운 상어 떼가 득시글거려서 불로초를 찾으러 돌아다니는 데 위협을 받고 있으니, 이들을 쉽게 물리칠 수 있도록 궁수 500명을 추가로 보내달라는 것이었다. 진시황은 두말없이 궁수 500명을 배편으로 파견하였다. 당시에 궁수 1,000명이면 엄청난 무력이었다.

도합 2,000명 이상의 무리를 이끌며 막강한 무력까지 갖게 된 서시는 더 이상 진시황에게 속박받지 아니하고 독자적인 길을 걷기로 결심하였다. 그리하여 그는 남해도의 성소인 금산의 산정에 올라가 하늘에 제사를 지내고 스스로 왕으로 즉위하였다. 그리고 무리를 이끌고 당시의 뱃길을 따라 거제도를 거쳐 일본 열도로 멀리 들어가서 그곳에서 왕 노릇을 하며 지냈다고 한다.

그 이야기를 듣고 나서 당시 경주 박혁거세에 얽힌 이야기를 반추해보니 다 연관성이 있는 것들이었다. 즉 주(周)나라의 왕권이 약화된 중기 이후로부터 700여 년 가까이 지속된 춘추전국시대를 마감 짓고 중원을 통일한 주도면밀한 진시황이 서시에게 수천 명을 딸려 보내면서까지 불로초를 찾게 한 이유가 본래는 다른 데 있었음을 추측할 수 있는 것이다.

아마도 진시황은 자신을 암살하려고 했다가 멀리멀리 바다 건너 배로 도망친 연조선인(燕朝鮮人)들을 추적하여 몰살시키려 했던 것이 아닌가 싶다. 당시 1,000명의 궁수를 포함해서 2,000명 이상의 젊은이들을 거느린 서시는 남해도에 들렀다가 다시 배를 몰아 계속 연조선인들을 추적하는 데 별 문제가 없었을 것이다. 혹 그가 남해도에 오래 정박했다면 한반도의 삼신산(三神山)인 제주도 한라산, 지리산, 금강산에 관한 옛 이야기들을 전해 들었을지도 모르겠다.

아무튼 서시는 진시황의 수많은 살육, 만리장성을 축조하기 위한 무모한 폭정, 장구한 세월을 전승해 내려온 수많은 귀중한 서책과 전통의 철저한 파괴, 그리고 황제 본인만을 위한 사치와 향락에 염증을 느꼈을 것이다. 아니면 근본 없는 변방 출신의 폭군을 위해서, 멀리 살 곳을 찾아 도망친 사람들을 쫓아다니고 있는 자신의 처지에 모멸감을 느꼈을 수도 있다. 이에 서시는 사람답고 자유롭게 살기를 희망하였고, 그를 따르는 2,000여 명의 사람들이 그 뜻을 수용하여 당시 아무런 주도적 정치세력이 존재하지 않아서 신천지를 개척하여 활개치고 살 수 있던 일본 열도로 다 함께 건너가 버린 것이다.

아마도 원래 대대로 방사(方士)였던 서시는 고조선 문화와 문자에 정통했고, 거북바위에 새겨진 신시고각을 해독하여 무리에 반포함으로써 자신이 왕으로 즉위하는 데 정통성의 징표로 삼았을 것이다.

신시고각을 서시가 새겼다는 시중의 이야기는 터무니없는 것이다. 그는 남해도에서 오랜 시간을 머물 형편이 아니었다. 실제로 서시가 바위를 팠다면 당시에 그런 급조한 글씨 내용을 누가 믿었겠는가.

공주 석장리의 구석기시대 유물을 발굴한 손보기 교수가 이 남해도 신시고각의 제작방법을 조사한 적이 있다. 그에 의하면, 남해도 신시고각은 끝이 뾰족한 돌을 거북바위의 돌에 대고 장시간 문질러서 새긴 것이라 한다. 이것은 신석기시대의 기법이다. 따라서 철기시대에 속하는 서시가 이 글자를 새겼다는 이야기는 신뢰하기 어렵다.

3

남해도 신시고각의 내용에 대한
일제 강점기 동안의 해석

신시 당시에 이 문자가 있었고, 그 유적인 신시고각이 다행히 지금도 남해도에 전해지고 있다. 한데 경술국치 이후 무단통치를 통해 숱한 조선인들을 핍박하던 일제는 3.1 독립운동을 겪고서 이런 수법으로는 조선 통치가 어렵다는 것을 깨닫고 문화정책을 표방하게 되었다. 그리고 조선인들의 정신을 식민통치에 맞도록 개조하기 위해 소위 조선역사의 편찬, 즉 우리의 역사를 일제의 입맛에 맞추어 왜곡하는 작업을 시작하였다.

그들은 조선의 오랜 유적지들을 답사하여 1차 조사를 거친 후에 그중 하나를 선정하였다. 그리하여 일제의 조선총독부에서는 1926년 남해도 거북바위 위에 새겨져 있는 신시고각의 탁본을 떠서 발표하였다. 육당 최남선은 이를 보고 "왕이 물을 건너와서 깃발을 꽂았다"라는 뜻으로 해석하였다. 독립선언문에 서명한 33인의 한 명인 위창 오세창의 부친은 이를 모사하여 들고 당시 중국으로 건너가 유명한 금석학자인 한창도에게 문의했는데 그는 서시기유(徐市紀留),

즉 "서시가 제를 올리고 왕으로 즉위하였다"로 해석하였다.

그런데 1945년 9월 당시 남해도에서 초등학교 선생님으로 근무했던 서 선생님이 내게 전해준 탁본 축소본에 의하면, 조선총독부의 탁본은 인위적으로 하늘 천(天) 자와 유사한 글자를 빼고 탁본을 뜬 것임을 알 수 있다. 즉 일제는 한글이 한문보다 먼저 있었다는 사실을 은폐하기 위해 천(天)과 유사한 자를 메워버리고 탁본을 떠서 세상 사람들을 조롱한 것이다. 하지만 지금도 인터넷을 위시한 각종 매체에 이처럼 조작된 탁본이 버젓이 돌아다니고 있음은 매우 개탄스러운 일이다.(28쪽 탁본 좌측 하단 참고)

조선총독부에서 1926년에 발표한 탁본과 서 선생님이 1945년에 직접 뜬 탁본에는 큰 차이가 있다. 조선총독부의 탁본에는 천(天) 자가 없었는데 1945년 탁본에는 있다. 혹자는 혹시 그 사이에 누가 새긴 것이 아닌가 의심하기도 하는데 이는 당시의 역사적 상황하에서는 감히 상상하기 어려운 일이다. 일제가 매우 중요시하며 빤히 감시하고 있는 유적지에 누가 감히 글을 새겨 넣으려고 달려든다는 말인가.

이 상황을 제대로 알아보려면 먼저 광개토대왕비에 대한 일제의 조작 사실을 살펴볼 필요가 있다. 조선 강점이 시작되기도 전에 일제는 특수 임무를 띤 헌병대 장교들을 수차례에 걸쳐 비밀리에 보내어 광개토대왕비의 일부 글자에 석회칠을 하고 원래의 문자꼴을 훼손하여 그 뜻을 왜곡하였다.

광개토대왕비는 당시 철기문화가 융성한 때였으므로 철정(鐵釘)으로 바위를 쪼아서 글자를 새겼다. 철정으로 바위를 쪼면 글자 주위로 미세한 균열이 발생하는데, 여기에 석회가 채워지면 자연적으로

벗겨지는 것이 불가능하기 때문에 훼손된 채로 고정된다. 따라서 지금도 광개토대왕비의 비문 내용이 훼손된 상태로부터 완전히 복원되지 못하고 있는 것이다.

그런 후에 일제는 다시 이 신시고각 내용의 조작을 목표로 삼았고, 역시 문제가 될 수 있는 문자인 천(天)에 회칠을 한 뒤 탁본을 떠서 그 내용을 발표한 것이다. 즉 한글이 한자보다 먼저 만들어졌다는 증거가 될 수 있는 흔적을 지우고자 한 것이다.

앞서도 말했듯이, 이 신시고각은 석기시대에 제작된 것으로서 각각의 글자는 뾰족한 돌로 평평한 돌을 갈아서 만든 것이다. 매우 긴 시간, 어쩌면 한 글자 새기는 데 수십 년의 세월이 걸렸을 수도 있다.

이런 식으로 글자를 새기면 철정으로 쪼았을 때처럼 바위에 균열이 생기지 않는다. 그래서 그 글자 위에 회칠을 하여 덮어두어도 당장은 단단히 붙어 있는 것 같지만, 계절의 변화에 따른 팽창과 수축의 반복으로 생긴 미세한 틈새로 수분이 침투하여 점차 결합력이 약해진다. 특히 겨울에는 결빙으로 그 틈의 부피가 팽창하여 결국에는 덧칠한 회칠이 떨어져 나가게 된다. 즉 남해도 신시고각은 일제가 비문을 조작한 지 약 20년 만에 자연의 힘에 의해 저절로 복원된 것이다.

4

옛날 한글 자모의 뜻을 불어넣어 풀이한
신시고각의 내용

1945년 8월 15일에 광복이 되어 일본인들이 물러가자, 서 선생님은 곧바로 9월에 마을 사람들을 여럿 동원하여 준비를 철저히 한 다음 정성을 다해 신시고각을 탁본했다. 그 자료를 여기에 소개한다.

남해도 신시고각 탁본 사진(1945년 9월 15일경 탁본)

이 글자들을 해석하면 다음과 같은 뜻이다.(옛 글자의 풀이 과정에 대해서는 나중에 다시 살펴볼 것이다.) ― 시원에서 탄생한 거룩한 남자는 땅을 다스리고 사람들을 받들어서 어미가 등에 아이를 업고 가듯 품에 안고서 뒤에서 앞으로 나아가게 한다. 죽은 말이 이끄는 수레를 탄 광명으로서 마음을 음양으로 교화하여 땅에 하늘의 뜻을 전하고 하늘의 흐름을 땅 위에 음양으로 조화롭게 펼쳐서 사람을 하늘과 땅의 흐름에 이어준다.

또는 다음과 같이 고풍(古風)의 선도적(仙道的) 의미로 해석할 수도 있다. ― 큰 생명력을 가진 거룩한 그분은 이 우주의 거대한 흐름을 고정하고 뿌리박게 하여 퍼져 나가게 하고, 스스로 그 힘을 받는 자리가 되어 그것을 드러내시며 양쪽으로 변화하게 하신다. 그는 시원으로부터 내려오신 빛이며, 저승의 하늘을 나는 말이 끄는 수레를 탄 자로다. 그는 하나의 근원으로부터 음과 양의 양쪽으로 행하는 힘자리이니, 성스러운 마음의 변화와 이의 전수를 주관하는 자로다. 그는 죽음과 삶을 주관하고, 천상의 진리를 이 세상에 펴는 자이다. 즉 선천지기와 후천지기를 음양으로 변화하게 하는 자이다.

이런 식으로 해석하면 그 내용은 흥미롭게도 태양의 제왕인 이집트 파라오의 개념과 유사한 점이 많다. 하여간 이 거북바위의 신시고각 상고문자는 그림문자에서 부호문자로 변환되는 과정에 있는 문자체계로서 극히 희귀하고 중요한 사례이다.

이 신시고각의 의의는 단군의 선조인 환웅시대에 이미 성스러운 왕의 덕목과 그가 베푸는 홍익인간 사상에 대한 내용이 있었다는 것이다. 만약 뜻있는 누군가가 거북바위 신시고각에서 멀지 않은 곳에 있는 처녀바위에서도 또 다른 신시고각을 채록하는 일에 성공한다면, 이는 신시 이래의 역사를 재조명하는 데 커다란 도움이 될 것이다.

5

신시고각 주변에서 전해지는 이야기들

남해도는 예로부터 신성한 곳으로 알려져 있어서 아주 옛날에는 남해도의 주봉인 금산의 산정에서 천제를 모셨다 한다. 서 선생님이 보여준 다른 사진자료들에 의하면, 산 밑에서부터 신시고각 쪽으로 가는 길을 알려주는 표지와 같은 아주 오래된 옛날의 기호들이 여러 개 산재해 있었음을 알 수 있다.

남해도 서리곶에는 또 다른 신시고각이 있었는데, 뱃사람들이 배를 타고 지나가면서 볼 수 있는 위치에 있었다고 한다. 먼 뱃길을 떠나는 사람들을 위한 가르침을 적은 것으로 추정된다. 하지만 아주 오랜 세월을 견뎌온 이 서리곶 신시고각은 19세기 말에 조선 해안가를 측량하러 돌아다니던 일본인들에 의하여 무참히 파괴되어 지금은 그 흔적을 찾을 길이 없다.

또한 거북바위 신시고각에서 그렇게 멀지 않은 곳에 처녀바위가 있는데, 이 처녀바위 한쪽 면에도 신시고각이 있다고 한다. 100여 년 전까지는 육안으로 식별이 가능할 정도였고, 실제로 사람들이 처녀바위의 다른 면에 한자로 글을 새기는 작업을 할 때 원래 신시고각이 새겨져 있던 면은 피하여 그 옆에다가 새겼다고 한다. 서 선생님은 이 신시고각도 탁본을 뜨기 위해서 두 차례나 여러 사람들과 본격적인 준비를 해서 작업을 시도했었으나 갑작스런 비바람과 국지적인 돌풍 등의 기상변화로 당시 뜻을 이루지 못했음을 못내 아쉬워하셨다.

한편 80대 중반의 나이로 보이는 서 선생님의 지인 한 분이 오셔서 내게 한자의 옛날 글자들을 여러 가지 보여주시기도 했다. 다음은 그 일부 내용을 사진으로 찍어둔 것이다.

남해도에서 전해지던 옛날
한자의 사례

그분께서는 아주 오래 오래전에 환국이 있었고, 환국에는 나름대로의 문자가 있었다는 말씀을 해주셨는데 시간이 부족해 더 많은 것을 물어보지 못한 것이 아쉬움으로 남는다.

주교수라고 불리던 그분은 젊을 때인 1970년대 중반에 선유도 망주봉 근처의 산에서 마을 사람의 안내로 아주 오래된 비석을 본 적이 있는데, 그 비석에 의미를 알 수 없는 네 개의 글자가 있었다고 한다. 지금까지 알려진 바 없는, 아주 오래되고도 전혀 새로운 모양이었고 그 맨 밑에는 마치 주먹도장을 찍은 것 같은 표시도 있었다고 한다.

마을 사람들의 전승에 의하면 이 글자의 뜻을 풀어 아는 사람이 나타나면 그것은 세상이 끝에 다 달았음을 나타내는 것이라 한다. 그리하여 약 20년이 지난 다음 두 차례 답사를 가서 직접 그 내용을 확인해보려 하였으나 이미 그 정확한 위치를 아는 안내인을 찾기가 어려워져 뜻을 이루지 못했다고 한다.

6

한반도와 주변 지역의 토기 각자 해독

먼저 《한국고대문화의 기원》(이형규 저)에서 인용한, 요령성 여대시 윤가촌에서 출토된 문자 토기의 각자(刻字)를 살펴보자.

$$\text{ᚔ 가자}$$

요령성 여대시 윤가촌 출토 문자 토기

이를 해독하면 '하늘의 조화와 땅의 조화를 잇고 과거와 미래를 주관하는 존재, 즉 대령(大靈), 신성한 존재의 조화를 가피하도록 하소서'라는 내용이 된다.

또한 비슷한 시기에 새겨진 것으로 보이는 평안북도 용천군 신암리 고분에서 출토된 토기의 명문은 우측과 같다.

평안북도 용천군 신암리 고분 출토 토기 명문

　　이 사진은 정연종이 쓴 〈한글은 단군이 만들었다〉에서 인용한 것이다. 이를 해독하면 다음과 같다. ― '하늘의 뜻을 받은 존귀한 존재 하늘로부터 내려온 환웅의 자손.'

　　이 두 가지 유물은 한반도 및 그 주변에서 여러 가지 형태의 문자 활동이 활발하게 이루어지고 있었다는 증거이다.

7

태호 복희씨와 여와가 가르치고 있는 한글

동양문명의 시조라는 태호 복희씨에 대해서는 별로 알려진 바가 없다. 한데 만약 그들이 상고한글을 쓰고 있었다면, 이는 인류역사의 발전에 대한 해석의 새로운 전기가 될 수 있을 것이다.

우측에 국립중앙박물관에 전시되어 있는, 중앙아시아의 투르판 유적지에서 발견된 벽화를 소개한다. 중앙아시아 지역은 원나라의 쇠퇴 이후 오랫동안 인적이 드문 곳이었기 때문에 옛날 그대로 형태가 보존된 유적들이 많다.

태호 복희씨와 여와 주위에 많은 별들이 표시되어 있다. 이는 복희와 여와의 이야기를 최초로 만들고 전파한 사람들이 별들을 숭배하는 사람들이었음을 나타내는 것이다. 특히 〈도가장서(道家藏書)〉, 즉 〈도장(道藏)〉에 단군이 태백진군(太白眞君)으로 표현되어 있고 오른손에 북두칠성을 쥔 형상으로 표현되어 있다는 점은 이와 연관하여 귀중한 단서가 될 수 있다.

태호 복희씨와 여와가 가르치고 있는 한글

그림에서 태호 복희씨는 한글의 기역(ㄱ) 모양의 물건을 들고 있고, 여와는 시옷(ㅅ) 모양의 물건을 들고 있다. 보통은 복희씨가 든 물건을 곱자로, 여와가 든 물건을 가위로 보는 견해가 많고 실제로 그렇게 그려진 그림들이 많다. 하지만 복희씨가 측량의 도구인 곱자를 가지고 당시에 손수 할 일이 무엇이었겠는가. 성스러운 최고의 임무를 맡고 있었던 복희씨는 속세의 일반적인 일에는 관심을 가지지 않았고 관여하지도 않았을 것이다.

일부 고고학자들의 학설에 의하면, 기역(ㄱ) 형태의 부호는 8천 년 이상 된 여러 유적지에서도 발견되는데 아마 부족의 상징물이었을 것으로 추정된다고 한다. 또한 이집트 상형문자에도 같은 형태가 있다. 이를 보아 이것이 기존 학설에서 이야기하는 도량 측량용 곱자라는 견해는 별로 타당성이 없는 것으로 사료된다.

특히 여와가 가위를 가지고 있다는 견해는 철기시대 이후에야 가능한 이야기이니 태호 복희씨에 대해 전해지는 바와는 전혀 맞지 않다는 사실을 알 수 있다. 오히려 상징물의 의미를 해석하기가 어려워진 후대에 가위로 변형되었다고 보는 편이 더 타당하다. 이 그림에서도 가위로 그려져 있지만, 다른 일부 자료에서는 좀더 시옷(ㅅ)에 가까운 물건을 들고 있는 모습을 볼 수 있다.

만일 복희씨는 상고한글의 기역(ㄱ) 자를 들고 있고 여와는 시옷(ㅅ) 자를 들고 있다는 견해를 받아들인다면, 비로소 이 그림의 의미가 완전하기 읽히기 시작한다. 즉 천손강림(天孫降臨), 그들이 하늘로부터 이 땅에 내려온 존재임을 가리키고 있는 것이다.

이는 단군왕검이 태호 복희씨의 후손이라는 설을 규명하는 데 단초를 제공해줄 수 있다. 복희씨가 환웅들 중에서도 신시(神市)를 연 최초의 환웅과 동일인이라고 추정해볼 수 있기 때문이다. 또한 〈옥추경(玉樞經)〉 등의 상고자료에 적힌 내용으로부터 신시에 관한 정보를 유추해볼 수도 있게 된다.

8

창러 문자와 그의 변화

갑골(甲骨)문자보다 적어도 천여 년이 앞서는 시대의 골각(骨角) 문자가 현재의 산동성 창러현 지역에 존재하였다는 사실을 산동대 고고학 미술연구소 류펑쥔 소장이 밝혔다. 2004년부터 수년간 창러현 지역 주변에서 관련 유물이 수백 점이 발굴되었다. 그가 주최한 세미나에서 이 문자는 '창러골각문'으로 이름 붙여졌다. 4,000~4,500년 전에 새겨진 이 문자의 모양은 고대 상형문자인 동이문자 계열에 속한다고 하였다.

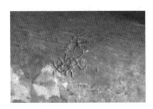

산동 창러 골각문자 사진(중앙일보 2008년 10월 22일)

그런데 이보다 좀더 세련되고 발전된 문자 형태를 갖춘 유적이 그 이전에 발견된 바가 있다. 이 문자를 새긴 세력은 기원전 10세기경에 강성하였다. 그 당시에 만들어진 거대한 고인돌이 요동반도 남단 개주 석붕산의 낮은 구릉 정상부에 남겨져 있다. 뚜껑돌의 길이가 8.6미터이고 폭은 5.6미터인데, 돌을 대패질한 것처럼 잘 다듬어놓았고 그 내부에는 일종의 제단도 있다.

KBS방송국에서 2005년 5월 27일 밤 10시부터 한 시간 동안 관련 내용을 방송한 적이 있었다. 당시 고인돌 내부는 잦은 탁본으로 까맣게 보일 정도였다. 한데 그 후 이 고인돌 내부에 새겨져 있던 수백 자의 명문은 아주 인위적인 파괴로 인해 지금은 그 흔적만 남아 있다.

이는 창려 문자를 쓰던 세력이 산동반도에서 이동하여 약 3,000년 전에는 압록강 북쪽 요령성 일대에 그 세력을 견고하게 구축했음을 의미하는 것이다. 이는 고조선 역사의 흐름을 알 수 있는 매우 희귀한 유적이다.

기원전 6세기경부터 쇠퇴하기 시작한 이 세력은 평양 쪽으로 이동하여 규모가 축소된 고인돌 무덤들을 축조하였다. 그 후 이 세력은 점차 소멸한 것으로 알려져 있다. 이 석붕산 유적지의 문자는, 일제강점기에 평양 법수교 근처에서 인양되었다가 다시 대동강 물에 빠뜨려진 깨어진 옛날 비석에 새겨져 있었다는 알 수 없는 문자의 비밀을 푸는 단서가 될 수도 있었다.

2009년도에 상반기에 일부 뜻있는 인사들의 도움으로 얻게 된 석붕산 고인돌의 외부와 내부 사진 자료를 소개한다. 이 고인돌은 그 규모가 매우 웅장하고 독특한 형식으로 되어 있고 기원전 약 10세기경의 유적이라고 전해진다.

그림에서 보는 바와 같이 수백 자의 명문이 있었다고 전해지는 내부가 그라인더로 철저히 뭉개져서 파괴되었음을 볼 수 있다. 단지 두 개의 글자만이 희미하게나마 그 흔적을 보여준다. KBS에서 방영된 영상자료와 비교해보면 그 차이를 완연하게 알 수 있다. 이러한 정황으로 미루어 보아 2007년 말에서 2008년 말 사이에 파괴되었음을 추정할 수 있다.

또 천장에는 고구려 시대의 벽화의 문양형태가 그려져 있는 것으로 보아, 고구려 시대 사람들도 천장에 채색 작업을 할 만큼 이곳을 신성하게 여겼다고 생각해볼 수 있다. 그러나 현재 이곳은 무당들의 치성소로 변모하여 그 역사적 진실이 철저히 왜곡돼버렸다. 만주 지역에 있는 수많은 고조선 유적과 유물들이 파괴되었음을 입증해주는 한 증거이다.

 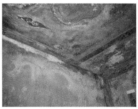

석붕산 고인돌 전경　　　　　석붕산 고인돌 천정 벽화

석붕산 고인돌 잔존문자 흔적

모택동은 대륙을 석권한 지 몇 해 되지 않아서부터 산동성의 많은 고인돌과 고조선 유적지를 파괴하기 시작하였다. 그리고 점차 그 범위를 넓혀서 화북지역의 상고조선 유적지들을 파괴하였다. 문화대혁명 때에는 10여 년간에 걸쳐 옛날 역사와 옛 문화에 식견이 있는 수많은 사람들이 목숨을 잃었다. 옛것은 무조건 파괴하자는 야만적인 열풍이 불어 옛날 유적지는 물론 수많은 문화유물, 조각, 전각, 서책, 그림 등이 모조리 불에 태워져서 대륙에서 옛 역사를 제대로 아는 것이 무척이나 힘들어졌다.

한데 그 뒤를 이은 권력자들이 만주까지 그 범위를 넓혀서 고조선 문화유물을 무차별적으로 파괴하고 있다. 그로 인한 역사적, 인문학적 손실은 평가하기 어려울 정도로 심대하다. 3,000여 년 전 동아시아의 역사를 알 수 있는 참으로 희귀한 기록들이 아쉽게도 소멸하고 말았다. 이 고인돌에서 살아남은 글자는 수백 자 중 단 두 자에 불과하다.

9

남원 고인돌에 새겨진 작대기 한글 해독

전북 남원시 대산면 대곡리 하대에는 속칭 봉황대 인근에 고인돌이 있는데, 그 상단에 희미하게 작대기 문자가 새겨져 있다. 1988년에 답사해보니 길이가 약 90센티미터, 폭이 약 50센티미터 정도의 비교적 가늘게 파인 선들이 아주 오랜 세월의 풍상을 견디며 그림과 같이 남아 있었다.

남원 봉황대 인근 작대기 문자

이것은 3, 3, 3수 및 3, 4수로 되어 있으니 탄생과 죽음에 대한 의미를 담고 있다. 풀이를 해보면 '삶이 쇠잔하니 죽음에 이르고 다시 더 큰 삶을 받으나 점차 쇠잔해지니 쇠잔이 거듭되면 마침내 죽음에 이른다'는 뜻이 된다.

이러한 형태의 의미 전달은 약 5천 년 전 유물로서 요령성에서 발견된 조약돌에 새겨진 문양과 일맥상통하는 점이 있다. 또한 일제 강점기까지 대동강 부벽루 밑에 여러 줄로 작대기처럼 파여 있는 문양이 있었는데, 구전에 의하면 그것도 고조선 문자라 한다.

이런 사실들을 종합해보면 상고시대에 요령성부터 평양, 그리고 남원까지 이어지는 선상에서 독자적인 하나의 문화 흐름이 있었음을 추정해볼 수 있다.

10

전자 기록 유물 및 각 전자들의 의미

　구한말 서예의 대가이고 영친왕의 스승이기도 했던 해강(海岡) 김규진은 1915년에 출간한 〈서법진결(書法眞訣)〉에 '창힐전자체'라고 하며 11자의 전자들을 수록하였다. 그리고 평안도 영변군의 읍지(邑誌)로 1924년 발간된 〈영변지(寧邊誌)〉에는 16자의 전자들이 수록되어 있다. 또한 〈뿌리 찾아 구만리〉(송호수 저)에서 소개한 백수현 사관촌 창성조적서비(創聖鳥跡書碑)에도 28자의 전자들이 수록되어 있다. 이 창성조적서비는 한자를 만들었다는 창힐(蒼頡)을 기리기 위해 비교적 최근에 세운 것이다. 그 외에 〈한글은 단군이 만들었다〉(정연종 저)라는 책에는 총 31자의 전자가 수록되어 있다.

　지금까지 이 전자들에 대한 해석은 시도된 바가 없다. 문자란 그 뜻하는 바를 알지 못하면 아무 쓸모가 없는 것이다. 당시 상고시대 사람들의 사고체계를 제대로 알려면 이에 대한 해석이 반드시 필요하다. 이 전자들에 대한 해석은 다음과 같다.

1) 대제사장을 이끄는 진리

2) 회전

3) 뿔을 단 가면을 쓴 사람, 즉 대제사장

4) 세 번 변한다.

5) 산 위의 신당

6) 땅 위의 세 가지 존귀한 것

7) 나무와 풀이 무성한 숲

8) 풀밭, 즉 초원

9) 환웅의 자손

10) 나무

11) 여럿이 모여 무리를 결성함. 즉 회맹(會盟)

12) 하늘과 땅의 세 가지 진리

13) 일하는 남자

14) 머리에 짐을 진 여자

15) 풀

16) 가르침을 준다. 즉 백성을 교화한다.

17) 아이를 업고 도망가다. 집단도주

18) 주어진 땅에 사는 백성

19) 바구니를 엮는다.

20) 하늘의 삼신

21) 일꾼 또는 노예

22) 균형

23) 삼신의 조화

24) 육신

꛲ 25) 소제사장, 즉 남녀무당

Ⴝ 26) 변화 또는 조화

ⵁ 27) 도끼

꛰ 28) 사람이 죽은 후 지내는 장례

ⵛ 29) 지게

ⵘ 30) 번개

꛸ 31) 공여, 즉 제사상에 올리는 공물

전자들에 대한 해석

황제(黃帝)의 실체에 대해서는 많은 의문이 있고 그 행적에 과장 되거나 덧칠된 부분이 많다. 하지만 황제가 창힐(倉頡)을 시켜 만들 었다는 문자가 위와 같다면, 이는 황제가 운사의 자손으로서 우사의 자손인 염제 신농(炎帝神農)의 제관이었다가 독립하고자 마음을 먹 고 그곳을 벗어났다는 설과 일치한다고 볼 수 있다.

그는 대흑수(大黑水)에 배를 띄워 오랜 항해 끝에 도착한 청구(靑 丘)에서 자부진인(紫府眞人)에게서 금편옥첩(金片玉牒)을 얻어 크게 깨우침을 얻었다. 한때 형세가 매우 곤궁해져서 주위에 유사(流沙) 가 흐르는 죽음의 강으로 둘러싸인 니산(尼山)에 숨어 지내다가 만 족(蠻族)들을 설득하여 이들을 무리로 삼아 다시 재기하였다.

이는 그 후 신농과 판천(阪泉)에서 세 번 싸워 이기고 나중에 풍 백의 후손인 치우(蚩尤)와 벌인 탁록(涿鹿)에서의 마지막 전투에서 승리한 뒤 독립하여 나라를 세웠다는 설과 상통하는 바가 있으며, 그 가 근본으로 여기던 문화 자체는 봉래문화임을 알려주는 것이라 하겠다. 그가 저술하여 남긴 것으로 회자되는 〈음부경(陰符經)〉에 봉래 신성문화의 내용이 담겨 있음도 이를 방증한다.

11

은나라 한글 해독

　상(商)나라를 은상(殷商)이라고도 한다. 이들은 동쪽에서 이동해 들어간 것으로 알려져 있다. 초기에 성탕(成湯)이 나라를 건국했을 때에는 덕치로 백성을 교화하며 문물을 발전시키고 문화를 발전시켜 백성의 생활을 윤택하게 하고 도덕심을 가지도록 하는 데 주력하였다. 이때는 단군조선의 영향을 많이 받았던 초기시대이므로 이를 편의상 은나라 시대로 하였다. 이때는 소의 어깨뼈에 새겨진 한글형 우골문(牛骨文)들이 여러 개 발견된다. 다음 쪽에 이 우골문들에 대한 사례를 들었다.

　두 개의 우골문 중 하나는 조금 상태가 좋지 않고 다른 하나는 비교적 선명하다. 덜 선명한 유물 사진(우측)에는 '이'가 다섯 자씩 네 줄이 있고, 맨 끝에 '11'처럼 보이는 글자가 두 개 있다. 이를 해석해보면 우주의 신성한 존재라는 뜻의 글자를 다섯 번씩 쓰고 줄을 바꾸며 네 번 반복한 것이고, 맨 뒤의 두 글자는 여러 대를 잇는 존재들을 표시한다. 즉 이는 아주 오래전부터 사방(四方)으로 존재하는 다섯 가지 우주의 신성한 존재들의 가호를 받아 남녀의 후손이 계속 이어간

은나라 한글 우골문에 대한 사례

다는 축복의 의미이다.

좀더 선명한 사진(좌측)에서 나타나는 글자들을 자세히 보면 '이이시시ㅣ', '이이이이이'(뒤에 세 글자는 동그라미가 작다), '이이이이ㅣ', '디디디디ㅣ', 그리고 '이디디'와 하나의 큰 점으로 종결되는 모양이다.

이를 해석하면 다음과 같다. — 우주의 신성한 존재와 우주의 신성한 존재는 음양으로 조화를 이루고 또 음양으로 조화를 이루는 신성한 존재이다. 대우주의 신성한 존재, 대우주의 신성한 존재는 소우주의 신성한 존재 세 가지를 생성한다. 하늘과 땅을 잇는 존재, 하늘과 땅을 잇는 존재, 하늘과 땅을 잇는 존재, 하늘과 땅을 잇는 존재, 이는 매우 신성한 존재이다.

즉 네 번이나 하늘과 땅을 결속하여 신성한 존재를 태어나게 한다는 뜻이다. 우주의 신성한 존재, 하늘과 땅을 잇는 존재, 하늘과 땅을 잇는 존재, 이는 태초부터 있던 거대한 하나의 존재의 변용이다.

ㄷㅇㄷㅣㄴㄹㄷㅇㅣㄴㅇ

짧은 은나라 한글 우골문

이 그림은 정연종이 소개한 은나라 한글 갑골문 사례이다. 비교적 짧은 편인 이 갑골문의 내용을 해독하면 다음과 같다. — 사람은 우주의 화신이고 사람은 위에서 내려와 그 뜻을 땅 위에 펼치는 존재이다. 이를 돌리고 돌려 하늘과 땅을 잇는 우주의 화신이 되니 하늘에서 내려온 것을 잘 갈무리하여 가슴에 품도록 하라.

참고로 상나라 후기는 전기와는 다른 양상을 보이므로 전기를 은나라, 후기를 상나라라고 구별하는 경우가 많다.

12

상나라 갑골문자의 사례

상나라는 세월이 지나감에 따라 교역을 중시하여 상업을 발전시켰고 물산이 풍부해졌다. 이를 바탕으로 세력을 주위로 확장시켰으며 당시 가장 중요한 군사무기였던 전차를 획기적으로 개량하였다. 이전에는 2인승 전차뿐이었으나 상나라에서는 3인승의 전차를 제작하고 전투에 투입하여 압도적인 전력의 우세를 구사하게 되었다. 그러면서 문화가 뒤떨어지는 수많은 부족들을 노예로 편입하거나 잔혹하게 학살하여 무력과 공포로써 통치를 강화했고, 주위로부터 많은 식량과 재물들을 공출받았다.

상나라는 주로 소의 어깨뼈를 사용하던 옛 전통으로부터 벗어나 거북의 등, 노루의 머리뼈 등 다양한 재료에 문자를 새기기 시작했고 그 방식도 한글형이 아니라 새로운 형태를 나타내기 시작했다.

다음은 서로 다른 세 가지 형태의 상나라 갑골문이다. 이는 상나라가 봉래조선의 문화적 영향에서 벗어나 나름의 문화를 다양하게 창출하기 시작했음을 시사하는 증거이다.

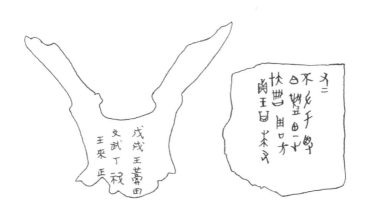

서로 상이한 형태의 세 가지 갑골문

또한 상나라 때에는 청동기 문화가 매우 발달하기 시작하여 무기는 물론이고 대형 제사용 용기를 제작하여 여기에 명문을 새기기도 했다.

청동제기 바닥에 새겨진 상나라 문자

상나라는 점차 세력이 커지자 원래의 종주국이었던 동쪽의 강력한 세력인 조선과 대립했고 마침내 대규모의 전쟁까지 벌인 탓에 많은 피해를 입고 국력이 쇠잔하였다. 그럼에도 주왕(紂王)이 크게 교만해져서 폭정을 행하니 민심이 이반했고, 속국이었던 주(周)나라의 미인계에 빠져서 수시로 제후들을 우롱하니 그들과의 관계가 극히 소원해졌다. 이에 마침내 때가 무르익은 것을 간파한 주(周)의 무왕(武王)이 목야(牧野)에서 반란을 일으켜 정예병사들을 몰살시키고 도성으로 쳐들어오자 고립무원에 빠져 멸망하고 말았다.

13

서주시대의 문자 사례

주(周)나라를 건국한 사람들은 원래 상고 페르시아 계통의 사람들로, 상나라 초기에 태행(太行)산맥을 따라 이동하여 상나라의 영역으로 들어와서는 이미 중요한 세력을 확보한 상나라의 속국으로 오랜 세월 동안 지내왔다. 하지만 상나라의 세력이 점차 약화되자 상나라에 적개심을 가진, 그러나 문화가 뒤떨어진 주변 부족들을 규합하여 상나라를 무너뜨릴 계책을 세우기 시작하였다.

강력한 군사력을 가진 상나라와 정면으로 전면전을 벌여서는 전혀 승산이 없었다. 대신 상나라의 주왕이 미색을 좋아함을 간파하고는 뛰어난 미인을 선발하고 특수훈련을 시켜서 진상하였다. 주왕이 이 미인에게 빠져서 제후들로부터 신망을 잃게 함으로써 그 누구도 구원병을 보내지 않을 상황을 만든 것이다.

견융족(犬戎族)을 위시한 주위의 여러 강력하고 사나운 부족들 및 상나라에 원한이 깊은 많은 부족들의 전사들을 규합한 주나라의 무왕은 주색에 혼미해진 상나라의 주왕에게 반란이 일어났다는 허위정보를 흘렸다. 이에 노발대발한 주왕은 도성의 전군에게 출동명령을 내렸다. 그리하여 상나라 도성의 모든 정예병과 주나라 군사들이 합동으로 목야라는 곳으로 반란을 토벌하러 나서게 되었다.

주나라 군사들은 다른 반란군들과 긴밀한 협력체계를 구축하고 전략을 완벽히 수립한 반면, 상나라의 군사들은 멋도 모르고 표주박 형태의 지형을 가진 것으로 전해진 목야로 진군해 들어갔다. 그때 우군(友軍)인 줄 알았던 주나라 군대가 돌변하여 상나라 전차군단을 뒤에서 몰아쳐 박살을 내자 상나라 군사들은 대혼란에 빠졌다. 때를 맞추어 야만족 병사들도 달려들어 도륙을 감행하니 삽시간에 상나라 군대가 전멸하였다. 그 여세를 몰아 상나라의 도성으로 쳐들어가서 주왕을 죽이고 약탈을 자행하니 상나라는 망하고 말았다.

마치 게르만족이 수백 년에 걸친 로마로부터의 압제로부터 독립할 때와 비슷한 상황이었을 것으로 추정된다. 당시에 천하무적을 자부하던 열두 개의 로마군단 중 세 군단이 게르만 족장의 허위정보에 속아 반란을 진압하러 갔다가, 갑자기 태도를 돌변한 게르만족의 배후 기습으로 많은 군사들이 죽고 살아남은 군사들은 포로로 잡혀서 노예로 끌려갔다. 게르만족들은 이 승리의 결과로 라인강 동쪽 지역을 해방하여 후대에 새로운 게르만족 흥기의 기틀을 마련하였다.

그러나 주나라의 원래 자체 세력은 미약하였으니 상나라의 일부만 확실히 장악한 셈이었다. 그들은 새로이 자신들을 위한 문자체계를 만들지 아니하고 상나라의 문자 전통을 일부 이어받았다. 이때에는 갑골이나 구갑(龜甲) 또는 골각(骨角)에 문자를 새기는 풍습은 사라지고, 주로 제례용 청동기에 문자를 새겼다. 다음은 산씨반(散氏盤)에 새겨진 서주 시대의 문자이다.

서주시대의 문자 사례

한편 그들은 상나라에서 사용하던 조개껍데기 화폐를 명문이 있
는 청동 화폐로 변화시켰다.

상나라의 조개껍데기 화폐를 대체한 주나라의 그림문자 명문 청동 화폐

이 명문을 해석해보면 좌측의 것은 '이 세상으로 내려오는 음양으
로 조화를 이루는 힘, 즉 해와 달로부터 내려오는 힘이 이 세상에 두
루 퍼지게 한다'는 의미로 볼 수 있다. 우측의 것은 '산중에 있는 마을
들까지 연결하는 끈과 같다'는 의미로 해석할 수 있다. 선사시대 이
래의 그림형태와 상징체계가 혼용되면서 발전하는 과정에 있음을
보여준다.

14
동주시대의 문자 사례

견융족의 침입으로 붕괴할 위기에 처한 주나라는 동쪽의 낙양지역으로 천도하였다. 사마천의 〈사기(史記)〉는 이때부터를 진정한 역사시대로 간주한다. 즉 사마천이 당대까지의 역사자료들을 수집해 보니 동주시대 이전에 관해서는 기록된 바가 적을뿐더러 그나마 제대로 전승된 바도 많지 않았다는 것을 의미한다.

동주시대는 주나라 황실의 권위가 흔들리던 때이므로 춘추오패 및 전국칠웅이 수백 년의 세월 동안 치열한 패권 다툼과 전쟁을 벌였다. 그 당시 동주는 수도를 제외한 지역에 대해서는 정치적으로나 문화적으로나 거의 그 영향력을 상실한 처지였다. 그리고 진시황이 중원을 통일하면서 결국 동주시대도 막을 내리게 되었다.

동주시대의 문자체계는 서주시대의 유산을 그대로 답습하였으나 다만 좀더 유려하고 멋을 중시하는 예술적인 글자체로 발전하였다.

동주시대의 문자 사례

15

해방 후 한강변에서 출토된 단군기록 유물

옛 구전에 의하면 단군의 아들들이 멀리서 배를 타고 바다를 건너와 강화도에 도착하여 주위를 세심하게 살펴보니, 기름지고 꽤 넓은 들판이 섬의 가운데에 있고 주위는 산들이 병풍처럼 둘러싸고 있어서, 외적들의 침입을 방어하기에 용이한 곳임을 알아보고 삼랑성(三郎城)을 쌓아서 근거지로 삼았다 한다. 그리고 주산인 마니산(摩尼山) 정상에는 참성단(塹星壇)을 쌓아 하늘에 제를 올리는 곳으로 삼았다 한다.

이들은 강화도로부터 배를 타고 한강을 거슬러 올라가 세력을 확장하여 나라를 세웠는데, 이 나라가 바로 별자리 조선, 즉 진국(辰國)이다. 단군의 자손들 중에 뛰어난 이가 있어 한강변에 단군조선의 맥을 잇는 새 나라를 세운 것이다.

구의동 고구려 유적에서 발견된 토기 밑바닥의 명문

　이 토기들은 서울 광진구 구의동의 고구려 유적에서 발견된 것으로, 비록 고구려 유적지에서 발견되었으나 새겨진 글자의 유래는 훨씬 오래전으로 거슬러 올라가야 한다. 왜냐하면 당시 토기는 기층민들이 제작해서 사용하던 것인데, 그 밑바닥에 명문을 새기는 것은 극히 드문 일인데다 같은 형태가 두 점이나 발견된 것으로 보아 아주 오랫동안 신성하게 여겨지며 대물림된 글자라고 추정할 수 있기 때문이다.

　구의동과 암사동 유적지가 멀지 않은 위치임을 감안할 때, 적어도 이 지역에는 6천 년 전부터 터를 잡고 살아온 토착세력이 있었다. 아마도 한강변에 세워진 별나라 조선은 이 지역민들을 포용하기 위해 사당 등을 짓고 문화를 전파했을 것이고, 당시 제사용 토기에 쓰이던 신성한 문자들이 이후 한강변이 백제와 고구려에 복속되는 시대까지 지역민들에게 오래도록 전승된 것이 아닐까 한다.

　명문을 잘 살펴보면 나무 목(木) 자의 옛날 자라 할 수 있는 형상이 있다. 즉 나무를 간략하게 나타낸 모양이다. 그리고 그 주위에 구획을 의미하는 네 개의 직선이 서로 교차한다. 이는 구획된 땅, 즉 땅의 영역을 나타낸 것이라 할 수 있다. 나라 국(□)의 더 이전 형태라 볼 수 있다.

조합해보면 간단히 '단군의 땅' 또는 '단군의 나라'라는 뜻이 된다. 즉 단군이 다스리는 곳임을 상징하는 글자이다. 이는 흥미롭게도 조선에서만 쓰이는 한자인 논 답(畓) 자의 제자(製字) 원리와 동일하다. 답(畓)는 밭 전(田) 위에 물 수(水)를 써서 밭에 물을 채워 농작물(벼)을 재배한다는 뜻으로써 논을 표시한 글자이다.

이 토기 명문의 발견은 별나라 조선, 즉 진국(辰國)의 건국 과정을 나타내주는 매우 귀중한 단서를 제공한다. 삼국시대 이전, 한강변에 우리가 잘 모르는 강력한 세력이 실재했다는 증거는 이것뿐만이 아니다. 1966년 초에 이화여자대학교 입구 오른쪽 산지에서 아파트 공사를 하다가 아주 오래된 고분들이 발굴된 적이 있다. 한 고분에서는 두께가 일곱 치에 달하는 검정 옻칠을 한 목곽분이 나왔는데 그 안을 열어보니 약간의 먼지 같은 것만 있었다고 한다. 당시 주위 사람들의 이야기로는 낙랑(樂浪) 시대의 목곽이라고 하였다. 다른 고분에서는 붉은 비단에 싸인 여자의 시신이 나왔는데, 당시에는 우리의 옛것을 홀대하는 풍습이 있었기에 재수 없다 하여 나온 것들을 모두 불태워버렸다.

한데 그 동네의 역사를 잘 아시는 할아버지와 옆에서 거들던 중년 또래 아저씨들의 이야기에 의하면, 아주 오랜 옛날부터 한강 수운을 통하는 물물의 집산지는 마포나루였다고 한다. 그리고 이 마포나루를 관장하는 큰 세력이 있었는데, 그 세력의 지배자는 멀리 마포나루가 내려다보이는 안산(鞍山) 기슭에 근거지를 두고 있었다고 한다. 이는 아주 오래전부터 한강의 수운이 발달했고 이를 따라 다양한 사람들과 문물이 이동했음을 알려준다.

구전에 의하면, 별나라 조선은 별자리를 숭상하는 문화가 있었으며 산중수련을 통해 높은 도덕을 갖추신 분을 모셔서 임금으로 추대하였다고 한다. 원래 오대산(五臺山)의 의미는 다섯 분의 훌륭한 도인이 나와서 이들이 별나라 조선의 왕이 되었음을 기리는 뜻이라고 전해진다. 또한 속리산에서도 여덟 분의 훌륭한 도인이 나와서 이들이 별나라 조선의 왕으로 추대되어 백성들을 편안하게 다스렸기에, 속리산의 아주 옛 이름은 팔성산(八聖山)이었다고 전해진다. 즉 별나라 조선이 단군 조선의 유풍을 그대로 이어받은 나라임을 알 수 있다.

별나라 조선은 오랜 세월을 존속하며 훌륭한 도인들을 많이 배출하였다고 전해진다. 이들이 수련하여 깨달음을 얻은 곳으로 주로 손꼽히는 신성한 세 개의 산이 있으니, 바로 삼신산이라고 일컬어지는 오늘날의 금강산, 지리산, 한라산이 그곳들이다.

별나라 조선의 존재는 육당 최남선이 〈조선력사(朝鮮歷史)〉에 소개한, 약 3천여 년 전에 지금의 평양을 중심으로 세력을 떨쳤던 개아지 조선의 실체를 밝힐 수 있는 주요한 단서가 된다. 이 개아지 조선도 별나라 조선과 마찬가지로 단군의 후손이 정착하여 건국한 나라로서 단군조선의 맥을 이었다고 추정할 수 있다. 그랬기에 그 영역 내의 신성한 큰 산, 곧 묘향산(妙香山)을 굳이 태백산(太白山)이라고 칭하였을 것이다. 이 때문에 〈삼국유사〉를 지은 일연 국사는 태백산은 묘향산을 말하고, 평양은 옛 성인의 고택이라는 견해를 피력하였다.

단군의 후손들 가운데 묘향산에서 산중수련하여 크게 득도하고 성인의 경지에 도달한 분이 왕으로 추대되어 평양에 머물며 개아지 조선을 통치했다고 추정하면 이 모든 기록은 앞뒤가 잘 맞게 된다. 또한 김부식이 쓴 〈삼국사기〉에서 송양국(松讓國)의 왕이 말하기를 "송양국은 대대로 선인(仙人)의 후손들이 다스렸다"는 기록과도 합치되는 것이다.

토기 명문에서 나무를 단군의 상징으로 한 이유는 다음과 같이 추정된다. 나무는 살아서는 잎과 열매를 제공하고, 시원한 나무그늘을 드리워 더위를 피하게 하고, 개울가의 큰 나무는 물고기들이 깃들어 살게 하는 터전이 되며, 숲을 이루어 폭풍과 폭우에 의한 홍수를 막아주고, 죽어서는 목재가 되어 집을 짓는 데 쓰이고, 나뭇가지나 낙엽 등의 작은 부스러기까지도 불쏘시개로 유익하게 쓰여서 사람이 살아가는 데 큰 이로움을 준다. 이는 홍익인간(弘益人間)의 이념을 간접적으로 나타낸 하나의 상징이라 할 것이다.

16
별나라 조선의 기록 유물

별나라에서는 별을 숭상하고 별자리를 관측하여 그들의 배열과 운행에 대해 나름대로의 의미를 부여하였다. 그들은 많은 고인돌을 조성하였는데 이 고인돌에 성혈(星穴), 즉 별을 상징하는 구멍들을 많이 파서 신성한 의미를 표현하였다. 그리고 약 3,500년 전에 별자리를 그린 청석판이 고인돌 내부에서 발견되기도 하였다. 속리산에 옛날 도인들이 별을 관측하던 천문대 바위가 있다는 사실도 이를 뒷받침한다고 할 수 있다.

별나라 조선에서는 별과 달을 매우 신성시하여 부족장의 권위를 상징하는 긴 도끼의 자루 끝에 별과 달의 형상을 달았다. 다음은 약 3천 년 전의 유물로 알려진 별도끼와 달도끼 장식물 사진이다.

별도끼와 달도끼 끝 장식

전북 남원시 대산면 대곡리 하대에는 소위 봉황대(鳳凰臺)라고 불리는 구릉의 암벽에 초기 철기시대에 그려진 것으로 추정되는 암각화가 있다. 아래 그림은 1980년대 말에 답사하여 그중 일부를 모사한 것이다.

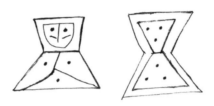

남원 봉황대 암벽에 새겨진 별나라 조선의 기록유적

이 암각문의 내용은 '여기에 묻히신 분은 하늘과 땅의 정기를 받아서 태어나신 분으로 삼태성의 빛을 받아 삼신으로부터 태어나신 분이다'라는 뜻으로 해석된다.

법기대성인(法起大聖人)의 교화가 융성하자, 단군을 대신하는 성스러움의 주체가 되고, 새로이 삼신산을 정하고 나라의 법도를 세웠으니 이가 진국(辰國) 중흥의 효시이다. 법기대성인은 불교설화에서는 법기보살(法起菩薩)로 알려져 있는데, 〈화엄경〉에는 "해중금강산(海中金剛山)에 거처하는 법기보살이 12,000여 명의 권속들(봉우리마다 있는 보살들)을 거느리고 설법을 한다"고 기록되어 있다. 금강산의 옛 이름이 봉래산인 것도 여기에서 비롯된 듯하다. 진국에서는 옛 전통 그대로 크게 깨달음을 얻은 이가 검(儉), 즉 왕이 되는 전통이 이어졌다.

진국은 점차 수십 개의 소국으로 나누어져서 병립하였으나, 서로 상부상조하며 평화롭게 살면서 하늘의 별자리들을 신성하게 여기는 풍습을 지켜왔다 하여 주위에서도 그 이름을 별나라(辰國)라고 하였다. 하지만 살기 좋고 인심 좋은 이 진국에 삼한과 고조선의 여러 갈래 유민들이 끝도 없이 이어지는 대륙의 전란을 피해 남하하면서 점차 그 풍속이 변화되었다.

결국 삼한에 의해 나라가 여러 갈래로 쪼개지게 되면서 진국의 전통은 급속히 사라졌고, 무력에 의해 강역을 차지하고 다스리는 새로운 풍습이 자리 잡게 되었다. 하지만 법기대성인의 교화가 오래 남아 있었던 덕분에 왕이라 할지라도 함부로 백성을 죽이거나 멋대로 수탈을 일삼는 것은 법도에 어긋나는 일이라는 인식이 이후로도 수천 년간 왕과 대신들, 백성의 뇌리에 각인될 수 있었다.

17

춘추전국시대의 한글명문 해독

아래는 지금으로부터 약 2,400년 이전, 즉 서기전 4세기 전반에 주조되어 사용되던 청동전의 사진이다. 황하(黃河) 중하류에 위치하고 있는, 공자(孔子)가 한때 벼슬을 했던 위(衛)나라의 수도 대량(大梁)에서 출토된 것으로 무게는 12.54그램이고 상나라의 옛 전통을 이어받은 모습이다.

위나라 한글명문 청동전

이 청동전에 적힌 명문을 해독하면 다음과 같다. ─ 하늘로부터 내려와 대를 이어온 왕의 권위로서 백성을 나게 하며 운용케 하는 울

타리, 즉 나라를 만드는 물건.

　여기에 적힌 문자는 신성길상(神聖吉祥)문자로서 동전에 보편적으로 새겨질 정도라면 이 동전의 연대보다 훨씬 이전부터 널리 사용되어온 문자체계로 추정할 수 있다. 즉 이 동전이 주조되기 직전이었던 공자가 살던 시대에도 이 문자체계가 있었다고 보는 것이 합당하다.

　이보다 조금 앞선 서기전 5세기부터 서기전 3세기까지 통용되던 조(趙)나라 청동전은 남부 시베리아 지역에서 유래된 단검 형태와 상나라의 보습 형태 청동전이 혼합된 양식을 보이고 있다. 아래 그림은 조나라의 수도였던 한단(邯鄲)에서 출토된 청동전이다.

조나라 한글명문 청동전

여기에 적힌 명문을 보면 'ㅂ'과 'ㅐ'가 세로로 기록되어 있다. 구전에 따라 이를 해독하면 '생명을 운용한다'는 뜻이 된다. 또는 '항아리에 든 물건을 유통한다'라고도 해석할 수 있다. 즉 한글이 신성길상문자로서 조나라에서도 통용되었음을 알 수 있다.

아래는 진양(晉陽)에서 출토된, 또 다른 형태의 조나라 청동전이다. 앞면에는 얼굴이 둥근 여자가 앉아서 옷감을 짜고 있는 그림이 있고 뒷면에는 한자 숫자 2가 있다.

앞면에는 그림이, 뒷면에는 숫자가 있는 조나라 청동전

하지만 조나라를 위시한 이들 나라들은 진시황의 군대에 의해 철저히 파괴되었다. 특히 진나라와 호각을 이루었던 조나라의 백성들은 진시황에 의해 모조리 생매장을 당하여 사라져버렸다.

한편 산동성 인근에서 수습되었으나 확실한 출토지를 알 수 없는, 약 2,500여 년 전의 것으로 추정되는 보습 형태의 청동전에 새겨진 상고한글의 유사형태는 우측 그림과 같다.

약 2,500여 년 전 상고한글 유사형태 청동전 명문

이 명문을 해석하면 다음과 같은 뜻이다. ― 흐름이 변화하는 것은 하늘과 땅을 잇는 진리에 따른 것이고, 하늘로부터 내려와 사물을 신성한 형태로 조화롭게 서게 한다.

18

상고시대 후기에 인도로 간 한글명문 해독

알렉산더의 원정으로 건국된 그리스-박트리아 왕국의 왕들은 기름진 동쪽을 향해 뻗어나가서 인도의 일부 지역까지 세력을 확장했고, 훗날 흉노(匈奴)족에게 쫓긴 월지(月氏)족이 침입해오기 전까지 상당한 번영을 누렸다.

그리스-박트리아의 왕들은 토착세력과 타협하기 위해 은화를 주조할 때, 한 면에는 통치자의 권위를 내세우며 옛날 그리스문자를 새겼고 다른 한 면에는 유력 토착세력의 문자를 새겼다. 그중에서 기원전 170년경에 발행된 은화에는 무척 흥미로운 사실이 담겨 있다.("Warman's Coins & Currency", 2nd ed., 1977.)

이 은화의 앞면은 그리스 문자로 아폴로도토스 3세를 칭하고 있으니 스스로 태양의 제왕의 후손임을 밝힌 것이다. 그리고 그 뒷면에는 상고시대의 한글이 새겨져 있다. 당시는 박혁거세가 신라의 모태가 된 사로국(斯盧國)을 건국하기 전 약 113년 전이다. 놀랍게도 박혁거세가 알에서 태어났다는 이야기는 그 역시 태양의 제왕임을 상징한다.

아폴로도토스 3세 은화의 앞면 아폴로도토스 3세 은화의 뒷면
(그리스문자) (상고한글)

　은화에 상고한글로 새겨진 내용을 해독하면 다음과 같은 뜻이다.
— 영적인 존재인 그는 하늘에서 내려와 땅에서 그 뜻을 펼치고 두루
시행한다. 영적인 존재인 그는 하늘에서 내려와 땅에 그 뜻을 전하여
이 세상과 저 세상을 아우르는 영적으로 뛰어난 천상의 힘을 가지고
있으며 하늘에서 내려와 땅에 그 뜻을 펼쳐서 합치되게 하며 다스리
는 성스러운 존재이다.

　이러한 유물의 존재는 인도의 구자라트 문자가 한글과 매우 흡사
한 형태를 가진다는 점, 그리고 인도 아유타국의 공주가 김수로왕이
다스리는 가락국으로 시집을 오게 된 배경을 유추하게 해준다. 이미
상고시대 후기에 우리의 선조와 인도의 문화가 상당한 수준으로 교
류했음을 알 수 있는 것이다.

　여기에는 월지족의 이동도 한몫을 한 것으로 보인다. 한때 흉노
를 복속시키고 있던 대부여(大扶餘)의 문화를 이어받은 것으로 추정
되는 월지는 세월이 지나면서 흉노가 강성해지자 거꾸로 흉노에 복
속을 당하게 되었다. 월지의 불만을 간파한 전한(前漢)에서는 밀사

들을 보내 월지와 연합하여 흉노를 치고자 하였다. 하지만 월지는 혼자서 반란을 일으켜 흉노를 제거하려 하다가 반란이 사전에 발각되어 결국 실패하고 말았다.

일부는 흉노에게 몰살을 당하였으나 상당수의 월지족은 탈출하여 서쪽의 사마르칸트 지역으로 갔고 거기서 전열을 재정비하였다. 흉노는 추격하던 월지 무리가 어디로 갔는지를 알 수가 없었다. 하지만 그대로 살려두면 나중에 큰 후환이 될 것을 염려하여 끝까지 추격하여 몰살하고자 하였다. 흉노의 대군은 그대로 서쪽으로 진격을 계속했다. 초원길을 따라 약 1만 리를 더 진군하여 지금의 폴란드 지역까지 휩쓸고 나서야 비로소 자신들의 본거지로 돌아갔다고 한다.

월지족은 흉노의 예상 추격로를 피하여 남쪽으로 말머리를 돌렸고, 질풍같이 돌진하여 천여 개의 번창한 성곽도시들로 이루어진 박트리아 왕국을 쓸어버리고 새로운 왕조를 세웠다. 이들은 '정복자의 언덕'이라고 불리는 곳에 상당수의 무덤과 그 부장품을 남겼는데 그 유물들이 고대 신라의 유물들과 매우 흡사하다고 한다. 이들의 침입 탓에 그리스-인도 왕국의 세력들이 크게 압박을 당해 인도 대륙 여러 곳으로 이동했을 것으로 추정된다.

19

이서국 한글석비 해독

지금의 경상북도 남단의 청도와 경남 산청 지역에 걸쳐서 신라보다 역사가 오래된 이서국(伊西國)이란 나라가 있었다고 한다. 이 이서국은 한때 신라를 공격했다가 약 1세기경 처음으로 신라에게 멸망당했고, 이후 복국운동을 통해 다시 여러 번 부흥했으나 결국은 신라에 병탄되었다고 한다. 이서국은 자신들의 고유문화에 대한 자부심이 컸고 이를 지키기 위한 독립의지도 강했다고 전해진다.

이 이서국의 옛 땅에 속하는 경상남도 산청군 금서면 단속사 옛터에는 한글 자모의 'ㄱ'으로 시작하는 글이 세로로 새겨진 한글비석이 있다. 이에 관해서는 〈백문백답 한국사 산책〉(박현 저)에 소개된 내용이 문화일보 1995년 10월 9일자 12면에 보도된 적이 있다. 너무 오래된 탓에 일부 글자들이 마모되어 전모를 알기는 어렵지만 남아 있는 부분은 'ㄱ ㅋ ㅋ ㅈ ㄴ…'로 해독된다고 한다.

이서국 한글석비 잔존 내용 재현도

　이 글자들을 구전에 의해 풀이하면 '하늘로부터 내려와 대를 이어 하늘을 대신하여 하늘기운을 주관하고 운용하는 자리가 되어 땅 위에 두루 퍼지게 하고…'의 뜻이 되므로 왕조의 영속적 번영을 축원하는 내용으로 볼 수 있다.

　이와 비슷한 예는 지금의 경상북도 경산군 글바위 유적에서도 발견할 수 있다. 문화일보 1994년 12월 27일자 13면에 실린 자료에 의하면 당시 글바위에는 오랜 풍화작용으로 많이 훼손되기는 하였으나 드문드문 한글 자모의 'ㅅ, ㅈ, ㄴ, ㅠ' 등이 남아 있었다고 한다. 이곳은 약 1세기경에 압독국(押督國)이라는 아주 강력한 나라가 있었다고 전해지는 지역이다. 압독국 역시 3~4세기에 이르러 신라에 병탄되었다.

20

단군의 의미

단군(檀君)의 의미는 그 한자 단어에 잘 표현되어 있다. 단군은 단(檀)과 군(君)의 합성자로 되어 있다. 군(君)이 임금을 의미는 글자임은 분명한 사실이다. 문제는 태반의 사람들이 앞의 단(檀)이라는 글자의 뜻을 제대로 해석하지 못하여 수많은 오해가 생겼다는 것이다. 약 4,440년 이상 된 시기에 발생한 사건에 대한 기록을 그로부터 한참이나 뒤늦게 만들어진 소전(小篆) 한자에 의해 완벽하게 파악하기는 매우 어렵다.

우리나라에는 예로부터 원래의 그림문자 혹은 그림을 형상화한 데서 유래한 한자의 뜻이 명확하지 않은 경우에는 그 글자를 풀어서 음미하는 파자(破字)의 전통이 있다. 이 단(檀)을 파자하면 나무 목(木)과 도드라질 단(亶)으로 되어 있음을 알 수 있다. 즉 신성한 커다란 나무 밑에 두드러지게 높이 단을 쌓고 그 위에서 즉위식을 했음을 뜻한다. 즉 단군이란, 신성한 커다란 나무(처음에는 신단수) 밑에 높이 제단을 쌓고 그 위에서 즉위식을 거행하여 왕이 되신 분이라는 뜻의 보통명사이다.

최초의 단군을 단군왕검(王儉)이라 칭한 것은 후대의 단군들과 차별을 두기 위함이었다고도 하고, 단목(檀木)의 터에서 왕이 되었다 하여 뜻으로 붙여진 이름이라고도 한다. 왕검(王儉)이라 함은 검(儉)들의 왕이라는 뜻이다. 검은 원래 소왕을 의미하니, 왕검은 소왕들의 왕임을 나타내는 것이다. 즉 검들 중에서 가장 덕이 높으신 분을 추대하여 그들의 왕으로 모셨음을 나타낸다.

　단군왕검은 성스러운 신단수가 있는 괴시(槐市, 성스러운 느티나무 도시)를 중심으로 백성을 교화하였다고 한다. 그러나 오랜 세월이 지나 그 덕이 쇠하자 점차 풍습이 거칠어졌고, 게다가 주위에서 전쟁까지 빈발하자 백성들의 교화가 어려워졌다. 이때 저 멀리 바다 건너 법기대성인이 나타나서 그의 밝은 가르침을 따르는 제자가 2,500명에 이른다 하는 소문과 그의 밝은 가르침이 전해졌다. 단군은 마침내 괴시를 폐지할 때가 왔음을 깨닫고 스스로 괴시를 폐한 후 구월산에 들어가서 산신이 되었다고 한다. 이러한 단군의 행적은 두고두고 후세 사람들의 칭송을 받게 되었다.

　조선시대 명종 때의 박세무가 지은, 지금으로 치면 초등학교 교과서의 역할을 한 〈동몽선습(童蒙先習)〉에는 "동방에 신인(神人)이 있어 태백산 단목 하에 내려오셔서 나라 사람들이 임금으로 모셨다"는 내용이 실려 있다. 즉 환웅이 나라를 연 태백산의 한 신성한 나무 밑에서 즉위식을 거쳐 왕이 되었다는 뜻으로, 단군이란 말은 이러한 즉위식 과정을 표현하는 단어라고 할 수 있다.

　단목이란 단군이 그 밑에서 즉위식을 올린 나무라는 뜻이다. 이런 식의 전통이 넓은 지역에서 오랫동안 지켜졌다고 추정해보면 같은 방식으로 즉위식을 치른 단군들의 숫자가 매우 많았음을 알 수 있다.

옛날 경상도 양반들의 전승에 의하면 신라의 시조 박혁거세도 단군이라고 한다. 박혁거세를 왕으로 추대한 사로국(斯盧國) 육촌(六村) 사람들이 고조선의 유민이었고, 이들이 고조선의 유풍에 따라 경천림(신라에서 신성시하던 경주의 숲)의 가장 신성하고 큰 나무 밑에 높다랗게 단을 쌓고 박혁거세가 단 위에 올라 즉위식을 치렀다면 그도 엄연한 단군인 것이다.

또한 이들은 고조선의 유풍에 따라 나라 안의 가장 신성하고 큰 산을 태백산이라 하였다. 여기서 오늘날 강원도 태백시와 그 인근에 걸쳐 있는 태백산의 지명이 어디서 비롯됐는지를 알 수 있다. 마찬가지로 초기에는 지금의 섬서성에 있는 백두산과 비슷한 높이의 큰 산을 태백산이라 칭했고, 고구려 중후기에는 백두산을 태백산이라 칭했다고 전한다. 참고로 고구려의 건국은 우리가 지금 알고 있는 것보다 훨씬 이전으로 거슬러 올라가야 한다.

〈삼국유사〉를 보면 단군은 환웅의 후손이고 그가 국호를 조선이라 정했다. 조선(朝鮮)은 아침 조(朝)와 밝을 선(鮮)을 합친 것이다. 즉 아침에 새로이 뜨는 해를 뜻한다. 해가 하루를 환하게 비추다가 저물고 이튿날 아침에 다시 뜨듯이, 환웅이 치세한 옛날 봉래의 뒤를 잇는 새로운 광명국이 시작되었음을 나타낸 것이다.

그리하여 봉래와 단군조선의 맥을 이은 모든 나라의 왕들은 태양을 상징하는 황금으로 관을 만들어서 머리 위에 썼다. 부여, 고구려, 백제, 신라, 가야의 왕들은 모두 황금으로 된 관을 썼으니, 이는 자신들이 환웅과 단군의 맥을 이었음을 드러내는 징표였다. 또한 고려의 황제들도 황금관을 썼다. 국호를 고려(高麗)로 한 것도 한자 자체가 높을 고(高)와 빛날 려(麗)로 되어 있으니 태양을 상징하는 것이다.

고려라는 국호가 태양을 상징하는데 그 황제가 태양을 상징하는 황금으로 된 관을 쓰지 않으면 대체 어떤 관을 쓰겠는가.

예로부터 전하는 바에 의하면, 중원의 수많은 천자(天子)들이 사각형의 면류관을 쓰는 이유는 '하늘은 둥글고 땅은 네모지다'라는 상고시대 이래의 고대사상을 바탕으로 땅을 다스린다는 의미라고 한다. 또한 면류관이 금이 아니라 비단으로 만들어진 것도 황제 헌원이 나라를 열고 백성들에게 누에 치는 법을 가르쳤음을 나타낸다고 한다.

이 면류관에는 사방으로 길게 끈들이 늘어져 있는데, 이는 곡식을 의미한다. 황제 헌원이 백성들에게 농사짓는 법을 가르쳐서 백성들이 굶주리지 않게 했다는 고사에서 기인했다. 즉 중원의 천자들이 많은 백성들이 편안하고 배부르게 살도록 해주는, 덕을 베푸는 존재임을 나타내는 상징물인 것이다.

21

단군에 관한 조선 도인들의 노래

고려 중엽에 낭가(郞家)의 무리가 묘청의 난에 연루되었다는 누명을 쓰고 몰살을 당한 뒤에 그들의 뜻을 이어간 것은 산중에서 수련하던 도인들, 그리고 산중수련의 전통을 이어가고 있던 고려의 무인들이었다.

낭가들은 고조선 역사를 잘 알고 있었기 때문에 대륙의 고토(古土)를 수복하려는 뜨거운 열망이 있었다. 그런 측면에서 서경(西京)으로 수도를 옮김으로써 수구세력인 문신귀족들의 권력 기반을 축소하고 나라를 개혁하여 대륙을 정벌하자고 주창한 승려 묘청과 뜻이 통하는 바가 있었다. 하지만 당시 대륙을 지배하던 금(金)나라의 눈치를 보는 황제와 신료들에 의해 묘청의 주청이 제대로 먹혀들지 않게 되자, 묘청과 그의 무리는 어쩔 수 없이 벼랑으로 몰려 반란 아닌 반란을 일으키게 되었고 결국 김부식이 주도하는 중앙관군의 공격으로 무너지게 되었다.

김부식이 이를 빌미로 평소 못마땅하게 생각하던 정지상 등을 처단하고 이들과 사상적 뿌리를 같이하는 낭가의 무리 천여 명을 역도로 몰아 참살한 탓에 선가(仙家)의 맥이 한때 매우 위태로워졌다. 다행히 산중의 도인들과 뜻있는 고려 무인들에 의해 맥이 이어졌고, 이들이 항몽(抗蒙) 구국대열의 선봉전사로 활약하면서 백성들이 그들을 존칭하여 국선(國仙)이라 불렀다.

비록 이성계의 위화도 회군과 조선 건국으로 고려 무인들은 사라졌으나 그 맥은 일부나마 조선의 산중수련자와 도인들에게 계속 전승되어왔다. 계룡산 도인들 사이에 전승되어 그들이 부르던 단군대도(檀君大道) 노래의 암송내용은 다음과 같다.

세초창지 근종락 (世初創地 根種落)
곤륜산 정기태생 (崑崙山 精氣胎生)
태백수봉 염화천 (太白首峰 焰化泉)
극도갱생 천지화 (極道更生 天地和)
구세무허 화락거 (救世無虛 和樂居)
배달백의 법제령 (倍達白衣 法製令)
만수향화 시륜성 (萬壽香火 時倫成)
오아주태 시조검 (吾我主太 始祖儉)

그 뜻을 풀이하면 다음과 같다.

세상이 처음 열리어 땅이 생기게 되니, 하늘로부터 뿌리가 되는 종족이 땅으로 내려오도다.

이들은 세상에서 제일 높은 곤륜산의 정기를 타고 태어났도다.

곤륜산의 지기가 다시금 불끈 솟아 이루어진 큰머리 흰 산꼭대기의 커다란 불덩어리가 큰못이 생겨났다. 이로써 천지간의 불기운이 신성한 물기운으로 화하여 백두대간을 적시는 크나큰 생명 샘이 이루어진 것이로다.

도의 길을 끝까지 궁구하여 몸으로 완벽히 터득하니, 생명의 형태가 달라져 다시 태어나게 되어 천지간의 조화와 함께 가니 거칠 것이 없노라.

세상을 구하나 허상에 빠지지 않으니 조화로운 즐거움 속에 항상 거하는 도다.

세상에서 으뜸가는 배달민족은 광명을 상징하는 흰옷을 즐겨 입고, 대자연의 이법을 따르는 율령을 제정하여 그에 따라 다스려지는 도다.

만년에 걸쳐 무궁토록 진리향화를 받들어 모시니, 거대한 시간의 흐름에 따라 모든 것이 저절로 이루어지는 도다.

내가 따르는 이는 모든 임금들의 시조가 되시고 크나큰 깨달음을 얻으신 단군왕검이시다.

22

단군 구월조서

여러 훌륭한 단군들의 가르침이 적혀 있던 〈신지(神誌)〉가 불탄
이래로 단군들의 가르침은 찾을 길이 없게 되었다. 허나 이름을 알
수 없는 수많은 사람들이 목숨을 걸고 전승시킨 탓에 일부나마 그 파
편이 아직까지 전해지고 있으니 이는 참으로 놀라운 일이 아니라 할
수 없다.

정명악이 〈국사대전(國史大全)〉에 소개한 것으로 가륵 단군께서
남긴 것으로 전해지는 구월조서(九月詔書)가 있다. 그 원문을 소개
하면 아래와 같다. 원래는 종서로 되어 있는데 편의상 횡서, 즉 가로
로 옮겨 썼다.

구월 조서 왈(九月 詔書 曰)
천하대본(天下大本) 재어심지(在於心之) 정중야(正中也)
인실중정즉(人失中正則) 사무성취(事無成就)
물실중정즉(物失中正則) 체이경복(體乃傾覆)
인지심유위(人之心愈危) 도심유이(道心愈弛)

유정유일(唯精唯一) 윤집중추연후(允執中樞然後)

중정가득야(中正可得也)

중정지도(中正之道) 위부당자(爲父當慈)

위자당효(爲子當孝) 위군당의(爲君當義)

위신당충(爲臣當忠) 위부부당상경(爲夫婦當相敬)

위형제당우애(爲兄弟當友愛) 위소자당교장(爲少者當教長)

위붕우당유신(爲朋友當有信)

공검지기(恭儉持己) 박애내중(博愛乃衆)

수학연업(修學鍊業) 계발지능(啓發知能)

주성덕기(鑄成德器) 이광공익(以廣公益)

이개세무상존국시(而開世務常尊國是) 이도국법(而道國法)

각수기직(各守其職) 훈면치산(勳勉致産)

국가유사지추(國家有事之秋) 망사봉공(亡私奉公)

위험용진(危險勇進) 이부조국지대운(以扶祖國之大運)

시엄여미(是俺與) 신민구시(臣民俱是)

거거복습이(擧擧服而) 함일기덕자야(咸一其德者也)

서기일체(庶機一體) 답실지지의(踏實之至意)

이를 풀이하면 다음과 같다.

구월조서에 이르기를 마음의 한가운데가 바른 것이 천하의 큰 바탕이다. 그러므로 사람이 마음 한가운데의 바름을 잃으면 되는 일이 없고, 물체가 중심을 잃으면 쓰러진다. 그러니 사람의 마음이 위태로우면 도를 닦는 마음도 흐트러지니, 오직 심신을 단련해서 마음의 통일을 이루고 몸 가운데의 척추를 제대로 균형 잡으면 마음 가운데의 바름을 가지는 법이다.

그러면 마음 한가운데의 바른 도(道, 길이라고 흔히 번역되나 그보다는 훨씬 넓은 내용을 포괄하고 있다)란 무엇인가. 아비 된 자는 당연히 자식에 대한 자애로움을 가져야 한다. 자식 된 자는 당연히 어버이에게 효도를 해야 한다. 왕은 당연히 의로움을 가져야 하고, 신하는 당연히 충성을 지켜야 한다. 형제인 자들은 서로 우애를 가져야 하고, 부부 된 자들은 서로 공경하여야 한다. 어린이는 어른에게 배워야 하고, 친구는 서로 신뢰를 가져야 한다. 그러니 항상 몸가짐을 겸손히 하고 단정하며 대중을 사랑하여야 한다.

열심히 배워서 학업을 닦고 지혜를 개발하여, 덕성스런 인품을 가진 인격자가 되어야 한다. 널리 공익을 위해 힘써야 하고, 항상 국시를 존중하며 따른다. 법에 따라 각자의 본업에서 충실히 종사하되 나라가 위급할 때에는 조국을 위해 너나없이 일치단결하여 한마음 한뜻으로 다시 조국을 일으켜 세움으로써 신민의 본분을 다한다. 지속적으로 마음을 닦아 그 덕을 가지게 된 자는 서기 일체의 뜻에 실제로 도달하게 된다.

일설에 의하면 이 구월조서는 단군왕검이 건국한 조선의 마지막 단군이 남긴 글이라고도 한다. 또 이 구월조서가 조선 말기에 일본에서 반포된 명치유신의 바탕이 되었다고도 전한다. 당시 명치유신을 준비하던 일본의 젊은 학자들이 넓고 깊은 뜻을 담아 명치유신의 이념을 공표함으로써 신흥 일본의 국격(國格)을 높이고자 했는데, 일본 내의 옛 문헌들을 샅샅이 뒤져보아도 오랜 전란으로 수많은 파괴가 자행된 탓에 마땅히 참고될 만한 글을 찾을 수 없었다. 하여 참고가 될 만한 글을 찾기 위해 은밀히 몇 사람을 조선에 보내어 오래된 양반가를 중심으로 수년간 수소문하며 발품을 팔았다고 한다. 그리고 마침내 오래된 어느 양반가문의 허락을 얻어 구월조서를 전사하는 데 성공한 이들이 한달음에 일본으로 건너가서 명치유신의 칙서를 완성하는 데 크게 공헌하였다고 한다. 한데 나중에 박정희 대통령이 유신선포 당시에 제정한 국민헌장 역시 명치유신의 칙서의 내용과 유사하니, 역사는 돌고 돈다고도 볼 수 있을 것이다.

이 구월조서의 내용은 조선 태종 때 불태워진 신지의 일부 내용으로 추정된다. 즉 신지가 불태워질 때 누군가 그 일부를 뜯어내어 한자로 번역하여 보존한 것으로 볼 수 있다. 신지는 여러 훌륭한 단군들이 후세사람들이 지켜 나아가야 할 교훈으로 제시한 말씀들을 기록한 내용이었다고 전한다.

일본인들은 이러한 귀중한 사실을 알고 나서 강점기 초기부터 수십 년에 걸쳐 조선 방방곡곡을 샅샅이 뒤져 단군과 관련 서적들을 모조리 수거해갔다. 어느 신문기사를 통해 박창화가 남긴 이야기에 의하면, 일본 궁내성 서고에 궤짝으로 가득히 단군 관련 서적들이 있었고 자신이 한때 그 번역을 맡았었다고 한다. 그는 자신이 궁내성이 소장되어 있던, 신라의 김대문이 쓴 것으로 알려진 〈화랑세기(花郎世記)〉를 필사해서 세상에 알렸다고 주장했다.

인조반정으로 왕 위에 올라 정묘호란과 병자호란을 겪으면서 왕권이 극히 미약했던 조선 인조 때, 관동에서 관헌들이 어느 수상쩍어 보이는 중을 취조하다가 그의 바랑에서 〈해동전도록(海東傳道錄)〉이라는 책이 나왔다. 이 책에는 신라의 선인(仙人) 김가기로부터 이어지는 수많은 인명이 등장하는데 이름으로 되어 있기보다는 주로 호등으로 되어 있었다.

조선왕조에서는 오랫동안 역모를 꾀할 수 있는 세력을 끝까지 추적한 것으로 알려져 있는데 이 책이 그에 대한 단서가 될 수 있었다. 그리하여 당시 상당히 학문이 뛰어났던 택당 이직이 그 일을 맡기로 하였다. 그는 관련 서적들을 찾기 위해 조선왕실의 비장고 및 사대 서고의 책들을 모두 뒤졌으나 그 단서를 찾을 길이 없어 일은 흐지부지되고 말았다.

하지만 이러한 책들을 모두 읽어보게 된 택당은 우리나라의 실제 역사가 당시 학자와 관리 및 양반들에게 알려져 있던 바와는 전혀 다르다는 사실을 알게 되었다, 그리하여 택당은 스스로 여러 권의 역사책을 써서 이것들을 서고에 보관하고자 했으나 다른 관리들이 받아들이지를 않아서 그 뜻을 철회할 수 밖에 없었다.

나중에 택당은 한양을 떠나면서 말 50필에 가득히 책을 싣고 정선의 깊은 곳으로 들어가서 은둔하였다. 그러면서 친히 〈야사록(野史錄)〉이란 책을 초서체로 적어서 자손들에게 물려주었다 한다. 이 야사록에는 조선왕실 비장고에 있던 옛날 역사서의 내용들이 일부 적혀 있을 것으로 사료된다.

23

바다로 둘러싸인 조선,
즉 해중조선은 어디에 있었는가

옛 기록들을 살펴보면 간간이 해중조선(海中朝鮮)이라는 단어가 나온다. 바다로 둘러싸여 있던 조선이라는 뜻이다. 이 바다로 둘러싸인 조선이 어디에 있었는지를 밝히는 것은 우리나라의 상고사와 한글 관련 유물들의 맥을 제대로 알 수 있는 중요한 단초이다.

〈산해경〉을 읽어보면 지금의 산동반도 지역이 옛날 상고시대에는 커다란 섬이었다고 한다. 그 외의 옛날 기록들도 일치하고, 지질학적으로 살펴보아도 산동반도가 아주 옛날에는 커다란 두 개의 섬으로 되어 있었음을 알 수 있다. 이 얕은 바다로 둘러싸였던 두 개의 큰 섬이 바로 해중조선이었다. 그중 큰 섬에 주위를 널리 볼 수 있게 우뚝 솟은 높은 산, 즉 태백산의 신성한 큰 나무(신단수) 밑에서 환웅이 무리를 모아 나라를 세우니 이것이 곧 봉래이다.

그의 후손인 단군왕검도 사람들의 추대를 받아 똑같은 태백산 신단수 아래에서 즉위식을 하여 왕이 되었다. 배달조선(倍達朝鮮) 또는 배달국(倍達國)이라 함은 환웅의 옛 땅과 문화를 그대로 물려받

앉다는 의미이다.

이 해중조선은 황하에 의한 막대한 토사의 유입으로 점차 주위가 메워져서 그 땅이 더욱 커졌다. 그리하여 "이 땅의 크기는 사방 천리에 달했고, 그 형상이 마름모에 가까운 네모의 형상이다"라고 전하니 중방(中方) 천리(千里)라는 말이 여기서 유래되었다 한다. 사마천의 〈사기〉에 요와 순이 다스리던 강역이 사방 백리(百里)에 불과하다고 했으니 사방 천리에 달하던 강역을 가졌던 단군조선의 당시 위세를 짐작해볼 수 있다.

하지만 1,900년이라는 장구한 세월이 지나가면서 덕치에 의해 편안하게 다스려지던 전통이 쇠퇴하고 마침내 단군조선의 시대는 막을 내리게 되었다. 그 이후로 여러 강력한 세력들이 번갈아 주인 노릇을 하니 도덕이 쇠퇴하고 욕심이 커지고 이해타산이 얽혀 나라가 흔들리게 되었다.

중원을 통일하기 전에 대군을 이끌고도 작은 나라 정(鄭)나라의 기병 1만 명에게 사흘 밤낮을 정신없이 쫓겨 다닌 쓰라린 기억을 가졌던 진시황은, 중원을 통일하고 나자 흉노를 속국으로 삼고 있으며 강력한 기병대를 다수 보유한 동호(東胡)에 두려움을 느끼게 되었다. 그리하여 동호와 흉노를 막기 위해 황하를 끼고 장성을 쌓으니, 그 동쪽 끝은 현재 산동지역의 남쪽에 있는 갈석산이었다. 당시 황하 하류에서 바다로 입수되는 곳이 바로 갈석산 남쪽이었다. 그리고 20만 대군을 동원하여 장성 축조를 독려하며 흉노를 위시한 주위의 수많은 작은 나라들과 부족들을 핍박하여 그 원래의 근거지에서 멀리 쫓아내거나 장성 축조의 가혹한 공역에 동원하였다.

중원을 통일한 진시황의 세력이 이곳까지 밀려와서 그와 국경을 접하게 된 조선왕 부(否)는 그에게 공주를 바치고 머리를 조아리니 반 속국의 형태가 되었다. 그러다가 마지막 왕인 준(準)이 왕위에 올라서 나라의 체제를 바꾸고 국력을 키우려 하는 사이 진시황이 건국한 제국이 15년 만에 망하니 나라가 다시 독립되었다.

이후 한나라 개국 시의 혼란으로 연나라에서 탈출한 위만(衛滿)이 세력을 이끌고 망명하여 귀부(歸附)한 뒤 벼슬을 얻고 서쪽 지역을 경계하다가 세력을 규합하여 준왕을 몰아내고 왕위에 올라 이 땅을 차지하였다. 준왕은 궁궐에 있던 만여 명의 무리를 이끌고 바다를 건너 별나라 조선으로 떠났다.

한편 진나라가 진시황 사망 후의 정치적 문란과 그로 인해 마침내 촉발된 반란으로 붕괴되는 동안 흉노가 동호를 쳐서 수천 리 바깥으로 멀리 쫓아버리고 그 세력을 크게 키우게 되었다. 진나라가 망한 후 4년 동안 멸망한 진나라가 남겨놓은 지역을 차지하기 위해 항우와 유방이 4년간 치열한 전쟁을 벌였다. 그동안 흉노는 아무 거리낌 없이 주위의 여러 세력을 흡수하였고 진나라 군대에 빼앗겼던 영역들을 수복하여 군대를 크게 양성하니, 다시 중원을 통일한 한(漢)나라에서는 더 이상 이를 두고 볼 수가 없었다.

마침내 대대적인 전쟁 준비를 마친 한고조 유방이 흉노를 치기 위해 40만 대군을 이끌고 흉노의 심장부를 향해 진격하였다. 하지만 흉노를 정벌하러 갔던 한고조 유방은 몇 차례의 중요한 전투에서 패배했고 팽성에서 포위되어 고립되었다. 고립무원 속에서 그 수를 헤아릴 수 없는 흉노의 기병 대군에게 포위되었으니, 팽성 내의 유방과 한나라 군사들이 몰살되는 것은 시간문제였다. 마침내 결단을 내린 유방은 죽는 것보다는 항복하는 것이 낫다고 생각하여 사자를 보내어 그 뜻을 전하고 흉노에게 항복하여 목숨을 건졌다.

유방이 목숨을 건지는 조건으로 내세운 것은 자자손손 흉노의 종이 되고 매년 많은 미녀와 막대한 공물을 바치는 것이었다. 이후로 한나라는 거의 백 년 가까운 세월 동안 이 약조를 지켜오고 있었다. 그러한 형편이니, 주변에서 세력을 키워가는 위만을 회유하여 외곽의 방위를 분담코자 하였다.

이러한 배경을 십분 활용한 위만은 그 세력을 더욱 키워 주위 수천 리의 강역을 차지하는 강력한 세력이 되었다. 바다와 대륙으로 통하는 지리적 이점을 활용하여 무역으로도 막대한 이익을 얻었으니 위만의 손자 우거왕(右渠王) 때에는 한나라에 대해 독자적이거나 적대적인 행동을 보이게 되었고 마침내 흉노와 동맹을 맺을 조짐까지 있었다.

이때는 한무제(漢武帝) 때이니, 그동안 절치부심하며 길러온 힘으로 유방 이래 지속되어온 흉노와의 약조를 폐기하고 일대 전쟁에 돌입한 시기였다. 당시 흉노와의 싸움도 벅찬 한나라의 국력으로는 위만조선과의 싸움까지 감당하기엔 무리였다. 한나라는 어떻게든 위만조선과 강화를 하려 했으나 서로에 대한 불신으로 협상은 결렬되었다. 그러나 이 과정에서 위만조선에서 내분이 심각하게 발생하였으니, 이 틈을 타서 마침내 한나라의 군대가 위만조선으로 쳐들어가게 되었다.

흉노와의 전쟁에서 총 20년간 매 3년마다 20만 대군을 동원한 한나라는 마침내 흉노의 근거지를 공략하는 데 성공했으나 막대한 인명피해를 보고 전쟁 경비에 허덕였다. 하여 한나라는 월(越)의 남쪽 지역으로 군대를 파견하여 막대한 물자를 약탈하고자 하였다. 한무제가 파견한 군대는 양자강 유역에서부터 약탈을 일삼았고, 이에 분노한 토착민들은 월남 미죽으로 된 장창으로 사정없이 반격하였다. 하지만 한무제의 엄명을 받은 장군들은 이에 아랑곳하지 않고 무모한 진격을 감행했다. 그 와중에서 무려 50만에 달하는 젊은이들이 전쟁터에서 쓰러졌다. 그리고 이미 점령한 지역에서도 현지 주민들의 소요와 반란은 그칠 줄을 몰랐다.

그 와중에 다시 기력을 되찾은 흉노는 그 세력을 재건하려 하였다. 흉노와의 전선을 지키는 데 필요한 군대를 제외하고 보니, 한나라에서 위만조선을 치기 위해 동원한 군대의 숫자는 충분하지 못했다. 궁여지책으로 죄수들이 주축이 된 미미한 군사력으로 진군했던 한나라 군대는 위만조선에 패퇴하여 대다수가 죽고 장군들을 위시한 일부 병력만 살아남아 도망쳤다. 그러나 그 와중에 위만조선에 내분이 일어나 우거왕이 죽고 나라는 분열되어 망하고 말았다.

우거왕이 죽고 나라가 네 조각으로 나뉘어 각 지역의 유력자가 할거하게 되니, 한나라에서는 이들을 선무(宣撫)하기 위해 이들에게 한나라 태수의 직인을 내리고 상당한 공물을 매년 하사하였다. 이는 한인들의 고도한 책략으로서, 서로 뭉치지 못하고 분열된 상태를 유지하게 하여 흉노와 동맹하여 한나라에 대규모로 군사적인 위협을 가하지 못하게 하려는 것이었다. 이것이 바로 이른바 낙랑, 현도, 진번, 임둔의 한사군이다.

당시 한나라는 오랜 기간 치열하게 지속된 흉노와의 전투에서 너무 많은 젊은 사내들이 목숨을 잃는 바람에 몸이 날렵한 젊은 여자들을 징모하여 정찰병으로 활용할 지경이었다. 또한 지속적으로 주변 세력들을 회유하는 정책을 쓴 탓에 재정형편도 어려워졌다. 이에 한

나라는 처음에는 네 명의 유력자에게 태수의 직인과 공물을 주었으나 곧 진번, 임둔의 두 유력자에게만 태수의 직인과 공물을 하사하기 시작했다. 재정부담을 줄이고, 탈락한 유력자들과 태수로 공인된 이들과의 반목도 심화시키려는 의도였다.

이러한 한나라의 분열 정책이 성공하여 옛 위만조선의 강역은 점차 복잡한 작은 세력으로 쪼개지게 되었다. 그 후 약 100여 년간 이런 행태가 반복되니 더욱 분열이 심해져서 무려 72개의 소국으로 분열되었다. 하지만 그동안 황하에 의한 거대한 퇴적작용은 멈추지를 않았으니, 약 2,000년 전에는 마침내 바다가 모두 메워져서 두 개의 큰 섬이 육지와 완전히 연결되고 말았다.

이곳은 평탄한 지역이 태반인데다 각 소국들이 단합을 이루지 못한 탓에 대륙의 침략에 완전히 무방비로 노출되었다. 마침내 72개의 소국 전부가 왕망(王莽)이 이끄는 대군에게 단번에 맥없이 무너지고 말았으니, 옛 기록에 그 상황이 "장마철의 폭우에 진흙 덩어리들이 쓸려 내려가듯 하였다"라고 묘사되어 있다.

그 후로 기름진 곡창지대로 변신한 이 지역은 대륙을 정복하는 새로운 신흥세력마다 눈독을 들이고 쳐들어오는 곳이 되어 무시로 주인이 바뀌었다. 이로 인해 옛 단군조선의 흔적은 역사 속으로 사라지고 말았다.

많은 사람들이 한사군의 실체를 제대로 파악하지 못하는 것은 역사적으로 산동과 요동이라는 지명이 정치판도의 변화에 따라 각기 수천 리씩 이동해갔음을 모르는 데 있다. 이 한사군은 단군조선의 옛 땅, 지금의 산동반도를 중심으로 한 지역에 있었던 것이다.

24

하도와 낙서의 의미

예로부터 숫자는 어느 고대문명을 막론하고 가장 깊고 심오한 이
치를 내포하고 있어서, 여러 가지 진리체계를 표현하고 전수하는 도
구였다. 신시시대의 유산인 하도(河圖)를 살펴보면 그 심오한 숫자
의 의미를 잘 알 수 있다.

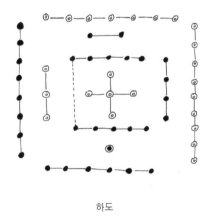

하도

하도는 점으로 신성한 숫자를 표현한 것으로서, 이 점들은 영롱한 별들을 상징한다고 전해진다. 하도는 별을 관측하고 신성하게 여기는 신시문화의 산물로서, 구결에 의하면 하도는 모든 만물생성의 근본인 오행(五行)의 탄생 과정을 설명한 것이다.

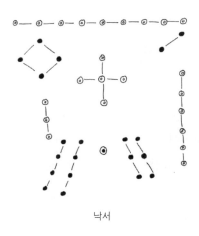

낙서

낙서(洛書)는 주나라의 무왕이 낙수(洛水)에 사냥을 나갔다가 오래된 사당, 즉 신시의 유물을 간직한 곳에서 얻은 그림이라고 한다. 낙서 역시 점으로 신성한 숫자를 표현한 것으로서 하도와 짝을 이룬다. 낙서는 오행이 운용되는 방식, 즉 오행의 상생-상극관계를 나낸다. 낙서는 상고한글 자판의 깊은 의미를 푸는 두 번째 단추이며 천부수리(天符數理) 응용의 기본사례라 할 수 있다.

후대에 내려오면서 하도를 응용하여 바둑이 만들어졌다. 초기의 바둑은 가로세로 14줄이었는데 당나라 때 그 재미를 더하기 위하여 양쪽으로 다섯 줄을 추가하여 총 19줄이 되었다. 그 곱이 361이 되도록 하여 360의 천도수(天度數) 더하기 1(天元)의 배치를 나타냄으로 써 그 묘용을 더욱 발휘하도록 한 것이다.

아래 그림은 백제 말기의 바둑판 형상이다.

의자왕이 하사했다고 전해지는 일본 최고(最古)의 바둑판

한편 윷놀이판은 한 개의 자미성(紫微星)과 28개의 신성한 별자 리가 인간과 인간 세상에 큰 영향을 미친다는 사실을 놀이로 상징화 한 것이다.

25

천부경 이야기

천부경(天符經)은 원래 환웅 이래 여러 성인들의 성스러운 가르침을 전하는 신물(神物)에서 비롯된 것으로 전해져 내려오고 있다. 이러한 신물들은 가장 오래된 문자 형태인 천부(天符)로 기록된 금편옥첩(金片玉牒)으로 보존되었다. 금편옥첩이라 함은 백옥으로 된 판 위에 천부 형태로 홈을 파고 그 홈에 얇은 금편을 두들겨 박아서 아무리 오랜 세월이 지나더라도 성스러운 가르침이 변하지 않고 그대로 보존되도록 한 것이다.

금편옥첩에 사용된 백옥은 성스러운 산에서 치성을 드리고 나서 얻어진 것으로서 성스러운 광명, 즉 밝음을 상징한다. 이 백옥을 정성껏 갈아서 얇은 판들을 만들고 서책의 형태로 엮은 것이 옥첩이다. 제왕의 인장을 옥으로 만든 도장, 즉 옥새(玉璽)라고 아직까지 칭하고 있는 것처럼 옥을 사용한 역사는 이처럼 뿌리가 깊다.

금편이라 함은 금으로 얇게 만든 것으로 태양의 색깔이 노란 것을 본떴으니, 이 또한 만물을 두루 번성하게 하여 이롭게 하는 광명을 의미한다. 여기에서 우리는 금편옥첩에 담긴 의미가 태양이 만물을 두루 비추어 생명의 원동력이 되듯이, 천부경을 수련하는 자는 스스로의 심덕(心德)을 갈고닦아 세상 사람들을 두루 이롭게 하는 홍익인간의 이념을 구현하라 하는 것임을 알 수 있다.

금편옥첩은 47대에 걸친 단군들의 치세 동안에는 지성소에 보관되어 전해져 내려왔다. 단군들이 치세가 끝난 뒤에는 천제의 자리에 오른 해모수(解慕漱)가 세운 대부여의 천궁 지성소에 보관되었다. 강력한 전차부대와 기병으로 유명했던 대부여는 선세(先世) 이래 수천 년간 다른 나라들의 침탈을 받은 적이 없었던 터라 대부여의 왕궁에는 아주 희귀한 보물들이 수없이 많았다고 한다.

하지만 불시의 기습공격으로 강대했던 동호를 집어삼킨 흉노가 그 세력을 크게 키우니, 대부여는 이들의 압박을 받아 동쪽으로 이동하게 되었다. 이때에도 천궁에 있던 많은 보물들과 금편옥첩은 소중하게 모셔졌다. 대부여가 여러 갈래로 쪼개지면서 이 금편옥첩은 나중에 졸본부여의 왕궁 지성소로 모셔졌는데, 이때는 후대에 있을지도 모르는 변고에 대비하기 위하여 돌에 똑같은 내용을 새겨서 두 군데에 보존토록 하였다.

이 졸본부여가 고구려의 공격을 받아 패망하면서 왕궁이 불타게 되었다. 이때 예로부터 전해져 내려오던 금편옥첩은 불길에 휩싸여 그 형체를 알아볼 수 없게 되었다. 그러나 다행히 돌에 새겨진 천부경은 온전하게 남아 고구려왕궁으로 옮겨졌다. 고구려에서는 불에 그슬려 훼손된 금편옥첩을 그대로 본떠서 광명을 상징하는 신성한 나무인 박달나무에 그 형상을 새겨 넣었고, 그것을 돌에 새겨진 천부경과 같이 보관하였다.

후일 고구려가 나당연합군에 의해 패망할 때, 신라군과 당군이 남평양성을 공취하였고 신라의 노장 김유신은 정병 5천을 거느리고 당군과 나란히 남평양성에 1차로 입성하였다. 고구려 태왕 이하 대신들은 모두 항복하여 고구려 태왕궁과 나머지 궁궐들은 무방비 상태가 되었고, 그 와중에 고구려의 부활을 다짐하는 젊은이 천여 명이 남평양성을 탈출하였다.

당군의 분탕질과 일부 잔여 고구려군의 최후 항전으로 궁궐과 시가지가 불구덩이로 변하는 와중에 신라의 화랑들은 목숨을 걸고 불구덩이에 뛰어들어 천부경이 새겨진 석판과 박달나무 판들을 건지려 하였다. 그러나 박달나무에 새겨진 것은 한발 늦어서 불에 타서 없어졌고 간신히 돌에 새겨진 천부경만을 건져낼 수 있었다.

이렇게 살아남은 천부경은 비밀리에 신라왕궁으로 옮겨졌다. 신라 왕궁으로 옮겨진 천부경은 신라왕의 권위를 크게 높여주었다. 이 천부경의 권위를 이용하여 신라가 당과 국운을 건 8년 전쟁을 수행할 때 문무왕(文武王)이 천제의 지위에 올라 당의 황제와 대등한 입장에서 독자적인 연호를 사용하였다고 전해진다. 그리고 고구려의 부흥군을 후원하여 당의 세력을 몰아내고, 부흥운동을 주도하던 고구려의 왕자 안승(安勝)을 받아들여 보덕왕(報德王)에 봉함으로서 고구려의 일부 옛 땅에 대한 관할권을 행사할 수 있었다.

그러나 통일신라가 8년 전쟁 후에 당과 화친하는 조건으로 독자적인 연호와 제왕의 호칭을 폐지하니 고구려의 옛 땅에서 훗날 통일신라의 세력이 축출되고 발해가 건국되었다. 발해 건국 직후 대야발(大野勃)이 옛 고구려 왕궁의 비전들을 되살려 책을 짓고 널리 단군왕검 이래의 사적을 더듬어 뿌리를 다시 찾으니 이를 바탕으로 발해 왕들은 대대로 칭제건원(稱帝建元)하였고 통일신라는 발해를 북국이라 하며 크게 두려워하게 되었다. 그리하니 천부경은 신라왕궁 더욱 깊은 곳에 숨겨졌다.

후대에 이르러 통일신라의 치열한 왕권 다툼에 지친 왕과 대신들이 나중에는 화랑 중에 덕이 있는 이들을 골라 왕위에 오르도록 하였다. 왕위에 오른 화랑들은 신라가 앞으로 내분 속에 망할 것을 내다보고, 신라왕궁 깊은 곳에 보존되고 있던 돌에 새긴 천부경을 지리산 깊은 곳으로 옮기게 한 뒤에 국선(國仙)들로 하여금 이를 지키게 하였다.

신라가 거의 망해갈 무렵에 당에서 벼슬을 하다가 신라에 돌아와 국정을 바로 잡아보려 하였으나 뜻을 이루지 못하고 가야산 홍류동에 은거했던 천재 문인 최치원이 늦게나마 고유의 선도를 알게 되어 국선들과 교류하게 되었다. 국선들의 안내로 지리산 깊은 곳에 감추어져 있던 돌에 새겨진 천부경을 본 최치원은 이를 한자로 번역하였다. 그리하여 그 이후로 한자로 번역된 천부경이 국선의 무리 사이에 유포되어 전해오게 되었다.

최치원이 한자의 81자로 맞추어 번역한 천부경은 다음과 같다.

일시무시일(一始無始一), 절삼극(折三極), 무진본(無盡本), 천일일(天一一), 지일이(地一二), 인일삼(人一三), 일적십거(一積十鉅), 무궤(無櫃), 화삼(化三), 천이삼(天二三), 지이삼(地二三), 인이삼(人二三), 대삼합육(大三合六), 생칠팔구(生七八九), 운삼사(運三四), 성환오칠(成環五七), 일묘연(一妙衍), 만왕만래(蔓往蔓來), 용변부동본(用變不動本), 본심본(本心本), 태양앙명(太陽昂明), 인중천지일(人中天地一), 일종무종일(一終無終一)

이는 최치원의 후손이 일제강점기에 공개한 〈단전요의(丹田要意)〉에 기록된 내용을 옮긴 것이라 한다. 천부경에 대한 많은 해설서가 있으나 조하선이 쓴 〈베일 벗은 천부경〉이 다른 고대문화의 개념과 천부경의 의미에 대한 비교와 이해 면에서 가장 우수한 것으로 사료된다.

한편 은나라 말기 사람인 태공망(太公望)이 쓴 다른 형태의 천부경도 있다고 전한다.

26

도인들이 구전한 상고 천부경 관련 이야기

一	一
·	·
二	⁝⁝
·	·
三	三
·	·
四	亖
·	·
五	⊠
·	·
六	灬
·	·
七	⁙
·	·
八	╫
·	·
九	⊚
·	·
十	⫶

도인들 사이에서는 천부경의 원뜻을 좀더 깊이 이해하려면 천부경에 표시된 한자 숫자들의 옛날 형태를 참구하는 것이 중요하다고 전해진다.

좌측 그림에 한자 숫자의 옛날 형태를 제시하였다.

한자 숫자의 옛날 형태를 바탕으로 새로이 해독한 천부경의 내용은 다음과 같다.

우주의 흐름은 처음 시작함에 있어서, 그 시작이 없는 것이니 태초부터 스스로 존재해온 것이다. 그것은 세 개의 극성을 가지고 있으며 그 근본이 다함이 없도록 광대무변하다. 하늘은 선천원기로서 그 거대한 흐름에 대해서 첫 번째로 생긴 것이다. 땅은 후천원기로

한자 숫자의 옛날 형태

서 그 거대한 흐름에 대하여 두 번째로 생긴 것이다. 사람은 생기로서 그 거대한 흐름에 대하여 세 번째로 생긴 것이다. 그 광대한 기운의 운용 하나하나가 쌓여서 완성되는 도수는 담을 그릇이 없을 정도로 광대무변하나 그 운용의 근원은 결국 셋, 즉 삼극으로 귀결된다.

하늘, 즉 선천원기가 안과 밖으로 작용하니 모든 것을 잉태하여 낳게 하는 크나큰 원동력이 된다. 땅, 즉 후천원기가 안과 밖으로 작용하니 과거와 미래를 잇는 현생이 된다. 인간, 즉 생기가 남과 여, 수컷과 암컷으로 나뉘어 교합하여 만물이 생성된다. 크게 천, 지, 인을 총괄하여보면 그 속에 안과 밖이 깃들어 서로 맞물려 돌아가게 되니 이것이 여섯 가지 생명의 근원이로다.

생명은 북두칠성의 선천화기의 불기운을 받아서 태어난다. 생명의 발현 양태는 팔상을 따르니 크게 성한 것은 크게 약한 것과 대하고, 약하게 성한 것은 약하게 쇠하는 것과 대한다. 크게 밝은 것은 크게 어두운 것과 대하고, 약하게 밝은 것은 약하게 어두운 것과 대한다. 이는 팔상을 굴러가게 하는 법칙이다.

팔상은 구궤, 즉 세 개의 성스러운 근원이 세 번 변하는 근원적인 변화의 법도를 순응하여 따른다. 생명의 운용은 나고 죽는 것으로 그 법도를 순응하여 따른다. 생명의 운용은 나고 죽는 것으로 그 법도를 삼으며, 하늘의 기운과 땅의 기운이 상호 교차하는 것에서 새로운 하나의 힘자리가 생기는 것과 그것이 다시 후천화기로 돌아서 운용하는 것으로서 도수를 삼아 고리를 이루어 돌아간다.

우주에는 이를 관장하는 하나의 오묘한 흐름이 있어, 만 번을 오고 가더라도 운용은 변하나 그 근본은 움직이지 않는다.

본래 마음의 근원은 사람 가운데에 있는 태양을 받드는 밝음이고, 그에 의해서 하늘인 선천원기와 땅인 후천원기와 하나로 됨이로다. 우주를 모두 감싸서 하나로 묶고 있는 이 하나의 거대한 흐름은 끝난다 할지라도 끝나지 않은 영구불변의 거대한 흐름이다.

천부경은 마음을 다스려 천지인의 합일, 즉 삼합(三合)에 이르는 길을 가르쳐주는 내용으로 암송하기 쉽도록 되어 있다.

27

고령 알터 바위 암각문 해독

경남 고령 장기리의 속칭 알터 바위에 새겨진 고문자는 청동기 시대 초기의 것으로 추정되는 아주 오래된 문자이다. 1970년대 후반에 우연히 발견된 탓에 일제 강점기 말의 대대적인 폭파작업을 피할 수 있었다. 그러나 제대로 해석되지 못하고 시베리아의 가면(탈)이라는 등의 사리에 맞지 않는 설만 있었다.

필자가 1988년에 방문해보니 보존이 제대로 되지 않아 탁본을 뜨는 것은 불가하였고 단지 손으로 더듬어서 그 형태를 알아볼 수 있는 정도였다. 그 후 약 4년이 경과한 뒤에 가보니 거의 파손이 된 상태였다. 손으로 더듬어서 모사한 내용은 우측 그림과 같다.

우선 '알터'라는 지명 자체가 우주의 생명을 담은 알에서 나오신 분에 대한 것임을 알 수 있다. 상당히 심오한 내용을 풀이해야 하므로 오른쪽 위에서 아래로 내려가고 끝에서는 좌측행 상단으로 이동하는 순서로 글자 한 글자마다 번호를 붙이며 설명할 것이다. 이 고문자의 내용을 해독하면 아래와 같은 뜻이다.

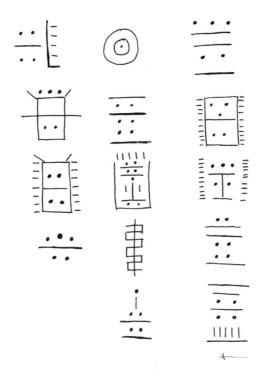

고령 알터 바위 암각문 모사(1988년 10월 채록)

알에서 나오신

1) 그분은 태초에 음과 양으로 생겨난 세 가지 원초적인 원소의 성품을 가지고 있으며

2) 그것이 실상과 허상의 세계에 온전히 고정된 형태이다.

3) 그분은 세 가지 원소에 의해 밝혀진 두 눈으로 실상과 허상을 온전히 보는 자이다.

4) 두 눈으로 두 개의 흐름을 보면 사방이 하나의 고정된 흐름으로 나타난다.

5) 두 개의 흐름이 음과 양에 작용하면 서로 대치되는 것이 오행으로 나타나게 된다.

6) 이것은 삼원(三圓)으로서 세상의 모든 운용이 여기에 포용된다.

7) 이의 본질은 음과 양이 서로 대(對)되어 넷으로 분화되는 것이다.

8) 존재로서 형상화된 그분은 오행의 작용을 포괄하는 다섯 가지 원소를 가지고 음과 양을 겸병하여 포용하고 있다.

9) 그분은 세 가지 운용으로 나타난 체를 실상과 허상의 세계에서 변화시키는 존재이다.

10) 시원에서 존재가 나타나니 음의 성질과 양의 성질을 가지고, 이것은 음의 성질을 가진 물건과 양의 성질을 가진 물건으로 변화한다.

11) 힘을 받는 자리에는 네 가지 기운이 있고, 서로 두 가지의 대칭되는 것으로 되어 있다.

12) 세 가지 원소를 하늘로부터 받아 이룩된 존재는 음의 성질과 양의 성질로 나뉘는 특성을 가진다.

13) 음의 성질과 양의 성질에 의해 발현된 음의 성질을 가지는 물건과 양의 성질을 가지는 물건에 내재하는 존재는 실상과 허상의 세계를 날아다니며 자유자재로 운영한다.

14) 세 가지 원소로서 현계를 비추니 어둠과 밝음이 구별된다.

이 내용은 사마천의 〈사기〉에 기록되어 있는, 황제 헌원이 청구(靑丘)의 자부진인에게서 금편옥첩(金片玉牒)을 받아가서 적었다는 삼황내문(三皇內文)을 연상케 한다. 아주 오랜 옛날에 넓은 바다를 오가며 여러 곳에서 거룩한 가르침을 펼치시는 분들이 있었음을 짐작하게 해준다.

동해안 쪽으로 가까운 곳 인비리에도 이와 유사한 암각문들이 있는 것으로 보아, 조선 태조 이성계에게 옛날 글자를 가져다 바쳐서 대우를 받았다는 흥해 박씨 집안에 전해져 내려오는 구전의 근원을 알 수 있다.

알터 바위 암각문의 내용은 아주 고차원적이면서 천부경의 내용을 완전히 이해하지 못하면 새겨질 수 없는 내용이다. 이는 단군조선, 즉 해중조선의 도맥이 상당히 오래전부터 별나라 조선(辰國)에 제대로 전수되었음을 전해주는 매우 중요한 자료이다.

28

구한말에 채록된 상고한글 관련 선도 수련결

한글이 신성문자라고 주장한 사람은 조선조 말 성균관에서 공부를 했던 단재 신채호이다. 하지만 그는 별다른 설명을 하지 못했다. 단지 그 이전부터 전해 내려온 구전을 채록한 것으로 추정된다. 조선의 상고사에 대해 여러 가지 의견을 개진했던 단재 신채호는 "한글이 원래는 신성문자(神聖文字)였다"라는 이야기를 남기는 데 그쳤다.

하지만 조선말 단학(丹學)의 대가이고 수백 권의 진귀한 단서(丹書, 선도수련 비결을 적은 책)를 소장했던 것으로 유명했던 전병훈은 3.1 독립운동 시점에 국민들의 각성을 위해 옛 수련결들을 요약하여 교훈을 주는 의미에서 출간한 〈선불가진수어록〉(仙佛家眞守語錄: 선가와 불가, 즉 우리의 고유 신앙을 추구하는 사람들이 가슴 깊이 새겨야 할 훌륭한 말씀들의 어록집)에서 조선인들이 회복해야 할 덕목으로 성(聖, 성스러운 옛 문화에 대한 복원), 경(敬, 다른 이들과 조상 및 옛 전통을 공경하는 마음), 신(信, 믿음)을 주장하였다.

그 책에 아주 오랜 옛날의 책에서 전사한 한글에 대한 내용이 있다. 이 내용을 여기에 소개한다. 전병훈은 후일 대륙으로 건너가서 독립운동에 전념하게 되는데 덕성과 학문이 두루 높아서 대한민국 임시정부의 초대 학무대신으로 추대되어 활약하였다.

일제 강점기에 극히 일부 책만이 남겨진 〈선불가진수어록〉은 정명악에 의해 후대에 전해지게 되었다. 강점기 말에 동경제대 철학과에 재학 중이던 정명악은 독립운동에 연루된 혐의로 일본 고등계 형사들의 취조를 받은 뒤 감시대상이 되었고, 태평양 전쟁에 학도병으로 끌려가는 것을 피해 1942년 조선으로 탈출하였다. 이후 3년간 전국의 암자와 산중을 전전했는데 그때 〈선불가진수어록〉을 한 권 발견하여 후일 인연이 있는 분에게 그 책을 전했던 것이다.

다음은 〈선불가진수어록〉에서 상고한글과 관련된 내용이다.

전병훈이 채록한 상고한글 관련 자료

109

채록된 내용을 풀이하면 다음과 같다.

제목: 매일 캄캄한 밤에 세 가지의 질문에 대한 답을 이루어내기 위하여 공중에 높이 솟은 누각에 올라 달을 바라보면서 부르는 노래

내용: 원래 하늘도 공(空)한 것이고, 땅도 공한 것이니, 삼라만상이 그 속에 깃드는 것이로다. 해가 공이고, 달이 공하니, 시간이 가고 또 가고, 오고 또 옴이 무슨 공덕이 있겠는가. 부인도 공하고, 자식도 공하니, 죽은 후에 가는 길에서는 만나지를 못하고, 부유함도 공하고, 귀한 것도 공하니, 아침에 피고 저녁에 지는 붉은 영산홍과 같은 것이로다. 〈대집경(大集經)〉에 공은 색(色)이라 하고, 반야경 중에 색은 공이라 적혀 있으니, 대장부가 수행하는 보배로운 요결이로다.
속세의 먼지와 세상을 떠나 참된 공을 깨달을지어다. 옛날에 와서 지금의 명리를 취하는 길에 있는 인생은 마치 꽃의 꿀을 따는 벌과 같구나, 백 가지 꽃을 취하여 꿀을 만드느라 머리에까지 이른 고생이 하나의 공이로다. 오랜 숙고 끝에 크게 탄식하고서 세 가지 질문을 던지니, 나에게 반쪽의 문장이 있어 기대는 바가 되니, 이 문자에 부합하여 세상에 이용하면, 그 공덕이 작지 아니하여, 생명이 다하여 다음에 올 때는 해탈을 얻을 것이다.

길상문자로서의 한글 자모의 비밀이 세상을 초탈하여 수행을 하는 도인들에게 전수되어왔음을 보여준다. 이 내용은 다음과 같이 풀이할 수도 있다.

깊은 밤 검은 하늘이 이끌어서 이루는 세 가지 물음에 대한 대답을 얻어, 공중에 있는 누각에 올라 달을 취하는 노래로서, 하늘도 공성이고, 땅도 공성이니, 그 사이에 늘어 세워져 있는 삼라만상도 공성이다. 해도 공성이고, 달도 공성이니, 오고 또 오고, 가고 또 감이 무슨 의미가 있는가. 마누라도 공성이고, 자식도 공성이니 황천 가는 길에 만나지 못하노라. 부자가 되는 것도 공성이고, 귀하게 되는 것도 공성이니, 아침에 피고 저녁에 지는 영산홍의 붉음이다. 대장경 속에 공성이 즉 물질이요, 반야경 속에 물질이 공성이니, 대장부가 보배로운 구결을 닦아 먼지와 같은 속됨에서 벗어나고, 속세를 떠나 진실한 공성을 깨우침이로다. 오고 가는 명리를 추구하는 과정에 있는 인생은 흡사 꿀벌이라, 백 가지 꽃으로부터 꿀을 만든 후에 머리 아픈 고통을 당하니 이것이 모두 하나의 공성이로다. 노래 끝에 탄식하고 세 가지 물음을 택하니, 얻어지는 것은 내게 반쪽의 문장이 있어 부속되어 있는 바와 같다는 것이니, 글자에 당연히 합하여 세상에 이용하면 그 공로가 작지 아니하여 목숨이 끊어지고 새로운 생명을 얻을 때 당연히 해탈을 얻을 것이다.

한편 신라 말에서 고려 초기 사이에 쓰여진 것으로 추정되는 선도 수련결 중 하나인 기화범신결(起火梵神訣)에도 훈민정음 자모와 같은 28개의 자모가 수록되어 있다고 전해진다.

29

상고한글 자판에 얽힌 이야기

먼저 독일인 학자들에 의해 상고한글의 자판이 발표된 배경을 살펴보기로 하자. 1930년대 초에 조선을 방문한 독일인 학자들이 한글의 자판을 소개한 바 있다. 원래 조선의 도인들 사이에서 전해지던 것이 어찌 된 연유에서인가 이들에 의해 공표가 된 것이다.

이는 당시의 국제정세와 깊은 연관이 있다. 1933년에 독일의 전권을 장악한 히틀러는 젊었을 때에 고대 북유럽에서 성행하던 신비문자 룬문자에 크게 심취하였었다고 한다. 이 룬문자는 비단길을 따라 기원전 2세기에서 기원후 2세기경에 서서히 서쪽으로 전해졌다고 한다.

룬 문자

히틀러 정권이 파견한 독일인 학자들은 그 뿌리를 캐기 위하여 서역과 북중국, 만주를 거쳐 한반도로 오면서 활발한 조사활동을 벌였다. 이들은 돈황학(敦煌學)의 대가들이었을 것으로 추정된다. 20세기 초 돈황의 석굴들 속에서 전란의 파괴를 피하여 오랜 세월 잘 보존된 옛날 책들이 많이 발견되었는데, 그 대부분이 유럽으로 반출되어 유럽학자들에 의해 심층적인 연구가 수행되었다. 따라서 독일인 학자들도 각종 상고문자 및 고대문자 그리고 상징체계에 대한 아주 해박한 지식을 가지고 있었을 것이다. 여기에 일제가 조선 각지에서 끌어모은 모든 귀중한 자료를 이들에게 제공하였을 테니 아주 고차원적인 성과를 발표할 수 있었던 것이다. 즉 독일인 학자들은 사마천이 "문자를 만드니 하늘이 놀라고 땅이 흔들리고 귀신이 도망간다" 했던 옛 문자의 실제 사례를 찾고자 했고 결과적으로는 그 단초인 상고한글의 자판을 얻은 것이다.

원래 히틀러는 당시 최고의 과학기술국이었던 독일과 장개석이 이끄는 최대의 인구대국인 중화민국이 동맹을 맺어 세계를 제패하고자 구상하였다. 일제는 이를 무산시키고 자신들이 먼저 독일과 동맹을 체결하는 데 국운을 걸고 있었으므로 그들이 원하는 것은 모두 제공해주어야 할 형편이었다.

제2차 세계대전 중에 일본은 독일의 발달된 각종 기술을 도입하기 위해 혈안이 되어 있었다. 그래서 일본군 잠수함과 독일군 잠수함은 먼 바다에서 비밀리에 접선하여 서로의 것들을 교환하였다 한다. 일본군 잠수함은 약 12톤의 황금과 2~3톤의 백금, 그리고 조선의 황해도에서 채굴한 우라늄 광석 4~5톤을 싣고 갔고, 독일군의 유보트 잠수함은 군함, 탱크, 대포, 항공기 등의 각종 전쟁무기와 각종 특수

공장의 설계도 등을 싣고 와서 서로 교환하였다 한다. 이들은 처음에는 인도양에서, 나중에는 독일의 패색이 짙어지자 아프리카 서해안 등으로 위치를 바꾸어 약 10여 차례의 교환을 했다고 한다.

이런 사실로 볼 때 당시 조선에 온 독일인 학자들의 연구를 일제가 얼마나 헌신적으로 지원했을지를 미루어 짐작할 수 있다. 다음은 독일인 학자들이 발표한 상고한글 자판의 모양이다.

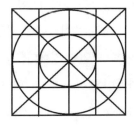

상고한글 자판

30

도인들에게 전승된 상고한글 자판과
그에 내포된 사상

선도(仙道)를 수련하는 사람들은 우선 밤하늘의 별을 보고 천문을 깨우치게 하는데, 밤하늘의 별자리 운행을 보고 있으면 북극성을 중심으로 북두칠성이 그 주위를 원으로 돌고 더불어 모든 별자리가 북극성을 중심으로 원을 이루며 돌고 있음을 알 수 있다고 한다. 여기에서 1과 7이 뜻하는 바를 체득할 수 있고, 세상의 모든 것은 원으로 운동하고 있음을 알게 되고, 선불합종(仙佛合宗)을 주창한 서산대사가 이야기한 신령스러운 동그라미의 의미를 알게 되는 것이다.

그리하여 한참 수련이 된 다음 어느 정도 경지에 이르면, 스승은 제자에게 상고한글 자판을 가르쳐주고 그 속에 담긴 의미를 풀어서 체득하게 한다. 이때 한글 28자 중 처음의 다섯 글자의 의미를 가르쳐주고 그다음은 스스로 참구하여 그 묘리를 깨우치게 하였다.

조선시대 말의 어느 도인에게서 도맥을 전수받은 서울의 김 선생님, 그리고 그로부터 도맥을 전수받은 대구의 김 선생님이 필자에게 가르쳐준 한글 자판은 독일인 학자들이 발표한 상고한글 자판과 그 형태가 동일하다. 하지만 그 내부 형상과 그 속에 내포된 깊은 사상적 내용들에 대한 가르침을 주셨으니 이는 다음과 같다.

한글 자판의 맨 가운데에는 하나의 점이 있으며, 두 개의 동심원이 있고, 두 개의 동심 네모가 있으며, 팔방으로 사선이 그려져 있고, 그 안에 우물 정(井) 자가 겹쳐져 있다. 그 한글자판이 포용하고 있는 도형은 원방각(圓方角)이다. 즉 동그라미, 세모, 네모이다.

원은 우주를 의미하고 방은 고정되는 힘과 그 자리를 의미하고 각은 솟아오르는 힘을 의미한다. 'ㅡ'와 'ㅣ'는 점에서 나왔고 이것이 팔괘로 운용하여 모음의 운용을 이룬다. 자음은 삼극이 음양오행으로 운용되는 바를 나타내었다.

즉 한글 자판은 그 자체로 삼극의 묘용과 음양오행의 운용을 두루 갖추어 후세 사람들이 마음속으로 깊은 깨달음을 얻을 수 있도록 하는 안내판의 역할을 하는 것이다. 이상이 상고한글 자판을 일반적으로 해석하는 방법이다.

도인들 사이에 전해 내려오는 좀더 고차원적인 방법에 의하면, 한글 자판은 천부경과 연결되는 수리를 풀어서 알 수 있게 한다. 상고한글 자판에는 천부경의 운(運), 3(三), 4(四)가 세 개의 동심원과 네 개의 꼭지로 그려져 있다. 가운데의 점은 아주 작은 태초의 원으로 표현된다. 이로써 천일일(天一一)이 무엇인지를 알 수 있다. 지일이(地一二)는 가운데의 점과 그 바깥의 안쪽 원을 통해서 그 뜻을 표현하고 있고, 인일삼(人一三)은 가운데의 점과 그 외의 두 개의 원을 더하여 그 뜻을 표현하고 있다. 즉 천지만물이 모두 원래 시원이 된 하늘에서 그 품성에 따라 복제, 파생되어 나온 것임을 나타낸다.

또한 세 개의 동심원은 일절삼극(一切三極)이 무엇인지를 나타내준다. 성환오칠(成環五七)은 가운데의 점과 네 개의 바깥 꼭지를 이어 오(五)가 되는데, 이것은 힘이 운용되는 방향을 표현하는 것이니 오행(五行) 기운(氣運)을 상징한다. 그리고 이것을 두 개의 반대 방향으로 도는 원을 위아래에 배치한다고 보면 칠(七)이 된다.

무궤화삼(無櫃化三)은 세 개의 동심 삼각형들이 팔방으로 배치되어 천변만화(千變萬化)하면서 돌아가기 때문에 담을 수 있는 그릇, 즉 궤(櫃)가 없다고 한 것이다.

대삼합육(大三合六)은 위에서 내려오는 기둥이 세 개이고, 옆으로 가로지르는 기둥이 세 개이니, 이것들이 우주의 근본 기둥구조이다. 서로 다른 방향의 기둥들이 교차하여 우주의 크나큰 버팀목 구조가 되는데, 이것의 합쳐진 숫자는 여섯, 즉 육(六)이다.

가운데의 점으로 표현된 동심원으로부터 팔방으로 그려진 여덟 개의 선들은 팔괘(八卦)를 의미하는 것이다. 이는 팔방(八方)으로 오는 힘들이 그 성질이 모두 다르다는 것을 알고 있음을 의미한다.

가운데 동심원을 기점으로 여덟 개의 선이 있고 위아래로 도는 두 개의 원을 공간적으로 분리해서 본다면 이는 십(十)이라는 수를 표현하니 일적십거(一積十鉅), 즉 하나씩 쌓아서 완성수(數)가 되는 것이고 시방세계를 의미함을 알 수 있다. 또한 일시무시(一始無始)의 일(一)과 일묘연(一妙衍) 만왕만래(萬旺萬來)의 그 일(一)이 상고 한글 자판의 맨 가운데 동심원으로 표현되는 것임을 알 수 있다. 즉 한글자판으로 천부경을 해석할 수 있는 것이다.

한글 자판에서 태극을 풀이해낼 수도 있다. 맨 가운데 하나의 점을 불교에서 이야기하는 공즉시색(空卽是色) 색즉시공(色卽是空)의 공(空)이요, 천부경의 일시무시일의 일이라고 하면 그것이 결국 태시공(太始空)이라는 것을 알 수 있다. 즉 태초에 홀로 존재하던 공이요 모든 것의 모태라는 것이다.

이 태시공에서 두 개의 회전하는 기운이 나와서 그 회전하는 기운들이 서로 반대방향으로 도는 원으로 형체를 갖추게 되니, 이가 삼태극(三太極)이다. 삼태극의 가장 가운데가 되는 태시공은 그 성질을 가진 것일 뿐, 현계(現界)에서는 보이지를 않는 것이니 현계로 내려오면 그것이 단지 태극으로 보일 뿐이다.

이 태극의 윗부분을 붉은색으로 하고 아랫부분을 푸른색으로 하는 것은 선천대도(先天大道)의 태극을 의미하는데, 이를 싱징으로 삼는 것은 천손강림(天孫降臨), 즉 하늘의 자손임을 드러내는 것이다.

상고한글 자판 제일 바깥의 네모난 틀을 돌려서 마름모꼴로 세워놓고 보면 방위를 표시함을 알 수 있다. 위쪽 모서리가 북쪽이고, 밑의 모서리는 남쪽, 왼쪽 모서리는 서쪽을 가리키고, 오른쪽 모서리는 동쪽을 가리킨다. 이 방위에다 오행(五行) 중 사행(四行), 즉 북쪽에는 물을 상징하는 수(水), 남쪽에는 불을 상징하는 화(火), 서쪽에는 단단함을 상징하는 금(金), 동쪽에는 자라남을 상징하는 목(木)을 배열하고 가운데에는 포용성을 상징하는 흙(土)을 배열하면 오행(五行)의 위치 배열이 가능하다.

해가 지는 쪽인 서쪽으로부터 시작하여 생명의 회전방향인 오른쪽으로 돌면 오행상생(五行相生)이 이루어진다. 즉 금생수(金生水), 수생목(水生木), 목생화(木生火), 남쪽에서 가운데로 들어가면 화생토(火生土)가 이루어진다. 가운데로 돌아간 후 가운데에서 위로 치받으면 토극수(土剋水), 치받친 수(水)에서 가운데를 건너뛰어 밑의 화(火), 즉 남쪽으로 내리치면 수극화(水剋火)가 된다. 서쪽 금(金)에서 가운데를 건너뛰어 동쪽 목(木)을 치면 금극목(金剋木)이 되어 오행상극(五行相剋)의 이치를 표현할 수 있다. 즉 상고한글 자판으로 오행의 원리를 풀 수 있는 것이다.

1970년대 중반의 어느 해 가을날 부친께서 책을 한 권 가지고 오셔서 "참으로 소중한 책인데 때를 잘못 만나서 세인들의 평가를 제대로 받지 못하였다"고 하시면서 잘 읽어보고 마음속에 새겨두라 하였다. 책의 서문에 발해국의 태조 대조영의 아우로 알려진 대야발(大野勃)이 자신이 젊을 때에 고구려 왕궁에서 읽어본 책을 나중에 나이가 들어서 혼신의 정력을 바쳐서 재현한 내용이라고 적혀 있었다. 책의 내용은 주로 천부수리론에 대한 것이었다. 그 내용이 너무도 정치하고 폭이 넓고 깊어서 금방은 그 속뜻을 제대로 알기가 어려웠다. 한참 동안 여러 번 읽으면서 그 뜻을 참구하려 노력하였으나, 워낙 그 뜻이 넓고 깊어서 쉽게 그 내용을 체득하지 못하고 있었다.

그러다가 수년이 흐른 뒤에 대구의 김 선생님을 모시고 공부를 하면서 시간은 걸렸으나 그 속뜻을 하나하나 알게 되었다. 처음에는 원방각의 묘용 등에 대한 것을 공부하였다. 2년 정도가 지난 어느 날은 김 선생님께서 한글 자판을 알려주시고 그것의 속뜻과 한글 자모의 원래 의미를 풀어서 알 수 있도록 여러 가지 가르침을 주셨다. 출발에 필요한 몇 개의 중요한 자모에 대한 의미를 풀어주고 나머지는 본인이 스스로 참구하여 깨닫도록 하였다.

대구의 김 선생님은 서울의 김 선생님에게 공부를 배우셨고, 서울의 김 선생님은 본인이 아주 젊은 시절에 어느 스승에게서 공부를 배웠는데 여러 번의 격변을 겪으면서 거의 잊고 지내다가 계기가 있어서 다시 공부를 하며 제자들을 가르치게 되었다고 한다. 서울 김 선생님의 스승이 수련하던 때는 깊은 산중에 마지막 소도들이 남아 있던 시절이었다고 한다.

산중수련자들에게 전해지는 바에 의하면, 동학란 이전까지는 지리산을 위시한 남쪽의 깊은 산중에 너덧 개의 소도 마을이 잔존하였다고 한다. 지리산 남편에 있던 마지막 소도는 나라가 망하는 풍파 속에서도 잔명을 유지하다가 일제에 의한 개화바람이 거세게 불기 시작하던 1926년에 무너졌다고 하는데 그에 따른 자세한 전말은 전해지지 않는다.

필자는 부친께서 전해준 집안의 구전들과 외가에서 전해지는 여러 가지 구전들을 결합하고, 금현 선생님을 위시한 여러 분들이 평생 동안 채록한 자료와 서책들을 전해 받아 읽어보고, 대구의 김 선생님께 배운 내용을 접목하여 오랜 세월 동안 참구하다 보니 마침내 한글 자판의 얼개와 그에 따른 자모의 뜻을 어느 정도 해석할 수 있게 되었다.

31

정인지의 훈민정음 서문

정인지의 가문은 신라시대부터 벼슬을 했던 것으로 전해지고 있다. 또한 그는 당대 제일의 학자로 알려져 있었고 또한 집현전의 수장을 맡고 있었다. 그는 한글 자판의 내용을 어느 정도 알고 있었으며 또한 한글 자모의 비밀도 상당히 알고 있었던 것으로 추정된다. 그는 한글 자모가 아주 오래전인 태호복희(太昊伏姬), 즉 환웅(桓雄) 시대부터 쓰이던 문자임을 알고 있었을 것이다.

조선왕조실록에는 그가 훈민정음의 서문을 썼다고 기록되어 있으나 현존하는 훈민정음 해례본에는 세종대왕의 서문이 수록되어 있다. 조선왕조실록은 조선 초기의 사관들이 가능하면 객관적으로 사실을 기록하기 위하여 각고의 노력을 기울였던 것으로 알려져 있다. 따라서 당시 사관들에게 세종대왕이 쓴 서문을 정인지가 썼다고 기록하는 것은 목숨을 부지하기 어려운 일이었을 것이다. 훈민정음의 서문은 정인지와 세종대왕 두 사람이 쓴 것이 당시에 함께 존재했다고 보아야 한다.

하지만 여러 가지 정치적인 고려로 인하여, 특히 최만리 등 훈민정음 반포를 배척하는 집현전 학자들의 의견을 감안하여 정인지의 서문을 없애는 쪽으로 가닥이 잡혔고 결과적으로 세종대왕이 쓴 서문이 수록되었다고 추론할 수 있다. 아마도 정인지가 쓴 훈민정음 서문에는 환웅시대부터 어떻게 한글이 변천해왔는지에 대한 내용이 담겨 있었을 것이다.

대신 해례본의 말미에 실린 정인지의 발문은 한편으로는 훈민정음 창제의 논리를 설명하는 동시에 다른 한편으로는 한글 자모에 담긴 원래의 내용을 감싸서 은밀하게 전해주고 있다고도 볼 수 있다. 훈민정음의 발문을 상당히 오랫동안 여러 번에 걸쳐 고치며 완성했다는 사실은 당시 나름대로의 진통이 있었음을 시사한다.

정인지 자신은 조선왕조 창업의 정통성이 없다는 것을 잘 알고 있었다. 그리하여 그는 세조반정으로 집현전이 철폐되고 다시 홍문관이 세워졌을 때, 홍문관의 수장인 대제학 자리를 받아들였다. 그의 심중은 '집현전이면 어떻고 홍문관이면 어떤가'였다. 고려를 명분 없는 무력으로 무너뜨리고 건국한 조선에서 충의를 따지는 것은 무의미하다는 것이다. 이방원이 고려가 망하기 직전 정몽주에게 시로써 전했던 "만수산 드렁칡이 얽혀지면 어떠하리"라는 태도를 몸소 실천한 인물로 볼 수 있다.

32

상고한글 해독의 열쇠

앞서 상고한글 자판의 의미를 푸는 두 번째 단추를 낙서라고 말했다. 그렇다면 첫 번째 단추는 무엇일까. 바로 고누라 할 수 있다. 고누는 땅이나 밭에 그린 판 위에서 말을 움직여 상대방의 말을 잡거나 가두어서 움직이지 못하게 하는 아주 오래된 민속놀이다. 고누에는 가장 단순한 우물고누를 위시한 다양한 형태가 있으며, 좀더 복잡하게 하여 놀이의 재미를 더한 것이 참고누이다. 참고누 판의 모양은 다음과 같다.

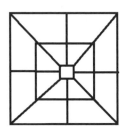

참고누 판

참고누와 동일한 몽골의 '지르게'를 비롯하여 유사한 판놀이들이 중국의 소수민족에게서 두루 발견될뿐더러 고대 이집트, 중앙아시아 유럽에도 널리 퍼져 있다. 고누는 바둑과 장기의 효시라고도 알려져 있는데, 이처럼 광범위한 지역에 분포되어 있다는 사실은 상고시대 이래로 빈번했던 문화교류의 산물이라 할 수 있다.

현재 고누의 존재를 확인할 수 있는 가장 오래된 유물은 북한 학계가 보고한 10세기 초의 유물로서, 황해도 봉산군 청자 가마터에서 수습된 것으로 도자기를 만드는 데 쓰이던 갑자(문양을 찍어내는 틀)이며 여기에 참고누 판이 뚜렷하게 그려져 있다. 이로써 이 참고누가 몽고란 이후 몽골 풍습의 영향을 받아 전래된 것이 아니라 우리 민족 고유의 민속놀이였음을 알 수 있다.

다음은 지금까지 학계에 보고되지 않은 새로운 형태의 고누판을 도시한 것이다.

팔방(八方)고누 판

편의상 이 고누의 이름을 팔방고누라 하였다. 태백산맥 남쪽 지역에 사는 주민이나 나무꾼 사이에서 전해지던 것인데 해방 이후에는 이를 행하는 사람들이 드물어져서 최근에는 거의 절전된 상태이다. 이것과 더불어 태백산맥 남쪽 지역에서 내려오는 구전에 의하면

이 고누판에 천지운행에 대한 비밀이 감추어져 있다고 한다.

고누는 유아들을 위한 초보적 놀이인 '곤지곤지'와 '잼잼'처럼 일반 백성들이 천지운행과 천문지리에 대한 내용을 놀이를 통해서 터득하도록 고안된 일종의 놀이 교육방식이라 할 수 있다. 참고누는 단순한 사각과 직선으로 구성된 반면, 팔방고누는 원과 직선 그리고 팔방으로 뻗친 방사형 직선으로 되어 있다. 이 두 개의 고누판을 합하면 상고한글 자판과 유사해진다.

33
한글과 오행 및 천문의
연결고리로서의 윷놀이판

한글의 자모 및 자판은 천문과 밀접한 관계가 있는데 이를 이해하기 위해서는 윷판의 구조를 제대로 이해하는 것이 중요하다.

윷판의 모양은 잘 알려진 바와 같이 다음과 같다. 윷판의 자리는 가운데의 점을 빼면 28개로서 한글 자모의 개수와 일치한다. 이 28개의 자리는 사람의 운명과 밀접한 관련이 있는 28개의 별자리를 상징한다. 이 28수(宿)는 북두칠성이 네 바퀴를 도는 것으로 풀이되어 있다. 그리고 윷판 가운데의 점은 북극성을 상징한다.

윷놀이는 새로이 맞이하는 신년에 그해의 예행연습으로서 사람의 나이에 따라 운을 주관하는 별인 북극성의 운행방향을 예측하여 풀어보는 것이다. 또한 이 윷놀이를 통하여 마을 소속원의 단합을 도모했다. 우리나라에서 자신의 태어날 때의 별자리를 생진(生辰)이라고 하듯이 우리 민족의 저변에는 하늘을 숭상하고 그 하늘의 좌표로서 우리 눈에 보이는 별들의 운행과 그 조짐에 대한 관심이 매우 높았음을 알 수 있다.

윷은 한쪽은 둥글고 한쪽은 평평하게 되어 있어 엎어지고 뒤집힘
으로써 음양을 나타낸다. 윷을 네 개로 하는 것은 사상(四象)을 나타
내고 동시에 동서남북을 표현한 것이다. 또한 도는 수성(水星), 개는
화성(火星), 걸은 목성(木星), 윷은 금성(金星), 모는 토성(土星)을 나
타냄으로써 오행을 표현하고 있다.

말이 윷판을 돌 때 가장 멀리 도는 것은 하지를 나타내고, 가장 짧
게 도는 것은 동지를 나타낸다. 중앙으로 내려오면서 절반을 도는 것
은 춘분이고, 가운데로 가로질러 절반을 도는 것은 추분을 나타낸다.
이로써 팽창과 수축, 춘양(春陽)과 추음(秋陰)을 나타내어 역시 음양
의 이치를 내포시켰다.

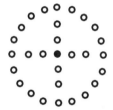

옛날 윷놀이판의 형태

34

잼잼과 곤지곤지 속에 담겨 있는 한글의 비밀

'잼잼'은 아기와 마주 앉아서 아기의 두 손을 쥐었다 폈다 하도록 하는 지시어로서, 아기는 이 말에 따라 주먹을 쥐었다 폈다 하게 된다. 주먹을 쥐었다 폈다 하면서 손날의 모양을 보면 처음 보는 형상은 'ㄱ'이 되고 손의 여러 동작을 촛불에 비춰보면 자음의 여러 형상을 이룬다. 이로써 나중에 나이가 들어 스스로 한글 자모의 묘리를 터득하는 단초를 얻게 되는 것이다.

'곤지곤지'는 한 손바닥을 펴고 다른 한 손의 검지를 장심에 대었다가 떼었다가 하는 것인데, 노궁혈을 자극하여 두뇌 활동을 촉진함과 동시에 음양의 이치를 터득하여 한글 자모의 오묘한 철리를 깨우치는 단초를 얻게 한다.

35

천문으로 풀어지는 한글 자모

우리 선조들은 하늘의 별자리를 바라보며 많은 진리를 터득하였고, 하늘의 성스러운 조화를 이룩하는 진리에 따라 백성을 교화하고 만물이 조화롭게 살아가는 이상세계를 구현하기 위해 많은 노력을 기울였다.

한글 자모와 자판에도 그 깊은 뜻이 녹아 있다. 한글 자판의 큰 원들은 가운데의 한 점을 중심으로 되어 있다. 이 뜻을 마음으로 터득하려면 밤하늘 별자리의 운행을 자세히 살펴보아야 한다. 그러면 밤하늘의 별자리들이 한 점을 중심으로 움직이는 것을 알 수 있다.

북극성을 중심으로 북두칠성을 위시한 모든 별자리는 원을 이루며 회전한다. 그리하여 모음은 11자, 자음은 17자를 만들었으니 자음과 모음에서 완성수인 10을 빼면 모음에는 1이라는 수가 남고 자음에는는 7이라는 숫자가 남는다. 이는 북극성과 북두칠성을 의미하는 것이다. 즉 천원(天元)의 중심과 그 뜻을 대행하여 지상에 그 뜻을 전하는 북두칠성의 묘용을 나타내는 것이다.

자음과 모음을 합쳐서 28수로 한 것은 사람의 운명에 크게 영향을 미치는 28개의 별자리가 있음을 가리키는 것이다. 또한 이는 도인들 사이에서 전해지는 가르침인 사람이 아버지와 어머니의 정기를 받은 후에 28단계를 거쳐서 사람이 되어 출산한다는 점을 상기시켜주기도 한다. 즉 사람이 되기 위한 이 28단계에서 각 단계에 해당하는 별자리의 기운이 태아에게 큰 영향을 미치며 성숙을 이끌어준다는 것이다.

모음은 점(·)과 'ㅣ'와 'ㅡ'를 원상(原象)과 양(陽), 음(陰)으로 표현하고 나머지 8자를 사상(四象)과 팔괘(八卦)에 대응하도록 하여 원상에서 음양과 상생상극 그리고 팔괘로 움직이는 원리를 담고 있다. 자음은 원각방(圓角方)을 나타내는 동그라미, 세모, 네모의 세 글자를 취하여 삼극(三極)을 표현하고 동시에 모음의 원상을 나타내는 자와 연계하여 일절삼극(一切三極)의 깊은 뜻을 터득하는 길을 나타낸다.

자음에서 일곱 개씩을 써서 두 개의 짝을 이루었으니 7+7의 묘용을 보여주고 있다. 이는 또한 하도구결(河圖口訣)과도 연결이 된다. ㄱ, ㅋ, ㄴ, ㄹ, ㄷ, ㅌ, ㅂ, ㅍ, ㅅ, ㅈ, ㅇ, ㆆ, ㅎ, ㅊ으로서 북극성과 북두칠성의 상호 묘용을 표현하였다. 그리고 된소리를 내기 위한 ㄲ, ㄸ, ㅃ, ㅆ, ㅉ을 두어 다섯 가지의 변화를 가능하게 하였으니 이는 오행에 해당하는 것이다.

이러한 깊고 깊은 오묘한 뜻이 담겨 있는 한글을 전해주시고 지켜주신 조상님들께 항상 머리를 숙여 감사할 따름이다. 우측 그림은 이와 관련된 고구려 고분벽화이다.

밤하늘의 북극성과 북두칠성 및 해와 달

이 고구려 고분벽화는 해와 달로 음과 양을 표시하고 더불어서 북극성을 중심으로 밤새 회전하는 북두칠성을 표시하였다. 자음이 17자, 모음이 11자인 연유를 벽화에 풀어서 그려낸 것이다.

다음 그림은 상고한글 자판을 풀이하는 기본적 단초를 제시하고 있다.

상고한글 자판의 기본 골격 풀이

이 상고한글 자판은 매우 깊은 의미를 가지고 있고 아주 여러 가지 해석이 가능하다. 이 상고한글 자판을 이루는 구성은 세 개의 동심원, 세 개의 동심방, 그리고 팔방부로 되어 있다. 이것들의 조합에서 한글 자모가 탄생한다. 상고한글 자판에는 상고시대로부터의 신

성한 가르침인 팔괘에 대한 내용이 녹아 있다. 이를 아래 그림에 도
시하였다.

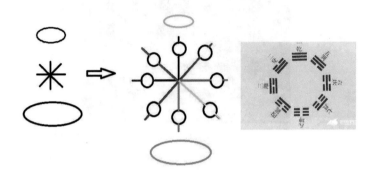

상고한글 자판에서의 완성수 10과 팔괘의 운용

　우리 조상들은 상고한글 자판을 양손으로 풀어서 한글 자모의 뜻
을 체득하도록 하였다. 눈은 마음의 창이요 손은 마음을 여는 문이
니, 마음으로 한글 자모의 뜻을 새기라는 것이다.
　도인들이 한글의 깊은 뜻을 전수할 때 다음과 같은 한글 자음의
처음 다섯 자를 가르쳐주어 앞으로의 공부를 위한 단초를 삼도록 하
는데, 그 의미는 다음과 같다고 전해진다.

　ㄱ은 하늘로부터 땅으로 내려오다.
　ㄴ은 땅에 두루 퍼지다.
　ㄷ은 하늘과 땅의 진리를 잇는다.
　ㄹ은 하늘과 땅의 진리가 서로 연결되어 끊임없이 돌고, 돌고, 또

돈다.

ㅁ은 이렇게 돌던 하늘과 땅을 잇는 진리가 형상을 이루어 멈춘다.

즉 한글 28자의 자모는 하나의 거대한 우주의 진리체계를 가르치고 있는 것이다. 고구려 한글의 모태가 되는 것으로 추정되는 38자의 가림토문도 이 상고한글 자판으로 그 의미를 알 수 있는바, 그 또한 우주의 진리체계를 가르치는 진리훈임을 알 수 있다.

한글의 묘용은 도인들이 전승하는 여러 가지 수련결들을 암송하는 속에 숨겨져 있는데, 그 속에는 매우 깊고 오묘한 내용들이 담겨져 있다.

아래 그림에 상고한글 자판과 하도, 낙서, 천부경의 관계를 도시하였다.

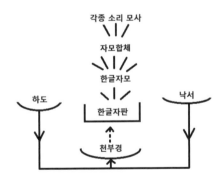

상고한글 자판의 뿌리와 그 운용체계

하도와 낙서 그리고 천부경(天符經)을 종합적으로 포괄하여 운용한 것이 상고한글 자판이며, 그 틀을 통하여 자모의 의미 그리고 이 자모가 합체하여 글자를 이루는 것을 알 수 있다. 이는 또한 신시 이래의 귀중한 전승을 세 가지로 자물쇠를 채워, 오랜 세월에 걸쳐 전해 내려가도 그 운용이 문란해지지 않도록 한 것과 일치한다. 계룡산 도인들에게 꾸준히 전해져 내려온 "한글은 천서(天書)이고, 한문은 그 짝을 이루는 영서(靈書)이다"라는 가르침은 역사적인 사실과 함께 한민족 문화의 뿌리를 알려주기 위함이다.

36

한글 글꼴에 담긴 원방각의 변화

한글 글꼴을 놓고서 여러 가지 설들이 난무하고 있다. 특히 터무니없는 것은 역사가 일천한 타문자 모방설이다. 이런 혼란은 그 근본을 제대로 살펴보지 않는 데서 발생한다고 볼 수 있다.

한글 자음은 네 개의 대표 글꼴 중에 세 글꼴은 네 가지로 변하고, 나머지 한 개는 다섯 가지로 변하여 그 운용을 나타낸다. 모음은 세 개의 대표 글꼴이 여덟 가지로 변하는데, 이 여덟 가지는 각각 두 개씩 짝으로 표시되니 삼태극, 음양, 사상(四象), 팔괘의 변용을 나타낸다. 이는 한글 자모의 틀이 되는 상고한글 자판을 창제하여 그 심오한 뜻을 천부수리로 표현하여 깨달을 수 있도록 한 것이다. 이 천부수리의 바탕은 천부경에 간결하게 제시되어 있는데, 그 한자 숫자들의 원래 형태를 알아야 뜻을 좀더 명료하게 체득할 수 있다.

봉래의 상고사상에서 모든 형태의 근본은 원방각(圓方角)으로 되어 있다고 전해져 왔다. 이 도형들을 종합하여 그 형태로 나타낸 것이 아주 먼 옛날부터 천제를 올리던 신성한 강화도 마니산의 참성단이다. 한글의 기본 글꼴은 바로 이 원방각과 그에 대한 변화를 표시하고 있다.

다음 그림은 한글의 글꼴별 분류이다.

한글의 글꼴별 분류

그림에서 보는 바와 같이 원방각이 각기 네 가지로 변화하고, 'ㄱ' 만이 다섯 가지로 변화한다. 이는 원방각이 3층을 이루고, 각 층은 각기 4단으로 고정되며, 여기에서 다섯 개의 움직임(五行)이 가미된 다는 사실을 글꼴로서 표현한 것이다.

다음 그림에 그 운용 형태를 도시하였다.

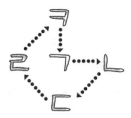

한글 글꼴 ㄱ의 오행 운용 형태

37

한글 자판과 예로부터 내려온
전승으로 푸는 한글 자음의 비밀

그렇다면 어떻게 손으로 신성문자인 한글의 비밀을 풀 수 있는가. 예로부터 전해지는 바로는, 사람은 만물의 영장으로서 사람 자체가 우리 법리의 체현이라고 한다. 따라서 인체는 소(小) 우주라 하여 우주의 섭리가 그대로 반영되어 있다고 한다. 그 형상인 머리, 손, 발, 몸통, 사지 및 오장육부가 다 나름대로 깊은 우주 진리를 체현하여 만들어졌고 우주의 섭리를 반영하여 작동하고 있다는 것이다. 그 중에서 사람의 눈은 마음의 창이라 하고, 손은 마음을 여는 문이라고 여겨져 왔다.

따라서 모든 우주의 진리는 사람의 마음과 통하는 것이므로, 이 마음을 열어서 우주의 진리를 참구하는 것이 옳은 일이다. 처음으로 이 마음의 문을 여는 도구가 곧 사람의 손이니, 손으로 체현하며 우주의 진리를 참구하여 이 마음으로 동화되도록 하여, 점차 이 마음을 닦아서 우주와의 조화로운 합일을 추구한다. 이 때문에 두 손으로 이루어지는 각종 형상으로 진리를 표현하고, 또한 마음으로 깨달은 바를 타인에게 전달하는 수단으로 삼았던 것이다. 도인들에게 전수되어 온 한글의 자음과 모음은 이러한 틀로서 전수되어왔다.

동시에 깨달음의 경지가 낮은 후학들의 깨우침을 촉진하기 위하여, 성스러운 깊은 뜻을 담은 한글 자판을 만들고 이 한글 자판과 두 손의 각종 형상을 결합하여 그 뜻을 제대로 깨달을 수 있도록 가르침을 주었다. 한데 그동안 지속적인 도맥의 전수가 극히 힘들었던 관계로, 환하게 그 뜻을 전할 수 있는 인사들이 거의 없었기 때문에 극히 일부의 사람들에게만 매우 힘겹게 전수되어왔다.

아래에 자음 17자 전부에 대한 제자 모양과 그 뜻을 소개한다.

ㄱ은 오른손을 꺾어서 그 손날의 형상을 관상함으로써 그 뜻을 깨우친다. 오른손의 신성한 의미를 아는 것이 중요하다. 한글 자판의 바깥 오른쪽의 위쪽으로 표시한다. 하늘로부터 내려온다는 의미이다.

ㄴ은 왼손을 꺾어서 그 손날의 형상을 관상함으로써 그 뜻을 깨우친다. 왼손의 현상적 의미를 아는 것이 중요하다. 한글 자판의 바깥 왼쪽 밑쪽으로 표시한다. 땅으로 두루 퍼진다는 의미이다.

ㄷ은 왼손을 각지게 구부려 그 형상을 표현한다. 한글 자판의 바깥쪽을 써서 표현한다. 하늘과 땅을 연결한다는 의미이다.

ㄹ은 오른손을 각지게 구부려 각지게 구부린 왼손에 얹어 그 형상을 표현한다. 한글 자판의 바깥쪽과 중앙으로 가로지르는 선을 결

합하여 사용한다. '돌고 돈다'는 의미이다.

ㅁ은 왼손을 각지게 구부린 것과 오른손을 각지게 구부린 것을 마주 대어 그 형상을 표현한다. 한글 자판의 바깥쪽을 모두 사용한다. 멈춘다는 의미이다.

ㅂ은 ㅁ자의 형상을 만든 데에서 두 개의 새끼손가락을 들어올림으로써 그 형상을 표현한다. 한글 자판의 맨 위쪽 변을 제외한 부분과 가운데 선을 결합하여 사용한다. 음양의 싹이 튼다는 의미이다.

ㅅ은 왼손을 손가락을 모아 비스듬히 하고 사선으로 오른손을 결합함으로써 그 형상을 표현한다. 한글 자판의 중앙 사선과 우측 하단 사선을 결합하여 사용한다. 사람이라는 뜻이다. 특히 사람의 신체가 우주 진리가 실체화된 구현물이라는 점을 강조하고 있다.

ㅇ은 양손의 손가락들을 둥글게 모아서 그 형상을 표현한다. 한글 자판의 바깥쪽 원을 사용한다. 신령스런 동그라미로 우주를 상징한다. 양손의 손가락들을 둥글게 모으면 열 개의 손가락이 되니 완성수 10(十)을 의미한다. 오른쪽의 다섯 손가락과 왼쪽의 다섯 손가락을 모으는 것이니, 오행의 운행이 음양으로 조화롭게 이루어진다는 뜻을 내포하고 있다.

ㅈ은 오른손의 손가락을 모아 손날의 형상으로 글자 위의 날 일(一) 자 뚜껑을 만들고, 왼손을 모아 날을 세워 결합시킨 뒤에 왼손의

새끼손가락을 내밀어 그 형상을 표현한다. 한글 자판의 바깥 윗부분과 가운데 대각선과 오른쪽 사선을 결합하여 사용한다. 하늘에서 내려오는 기운이 음양으로 조화를 이룬다는 의미이다.

ㅊ은 ㅈ의 형상을 손으로 만든 것에서 오른손의 새끼손가락을 들어올려 그 형상을 표현한다. 한글 자판의 작은 사각형의 부분과 상변 직선의 일부를 결합하여 사용한다. 하늘에서 내려오는 음양의 조화되는 기운을 주재하는 조물주, 즉 하느님이라는 의미이다.

ㅋ은 오른손을 각지게 하여 ㄱ자 형상을 만든 속으로 왼손의 손가락을 모아서 날 일(一) 자로 만든 뒤에 결합함으로써 그 형상을 표현한다. 한글 자판에서 ㄱ자와 같은 부분과 가운데 수평선을 결합하여 사용한다. 하늘에서 내려오는 선천(先天)기운의 중간에 선천기운의 투영에 의해 탄생한 또 다른 후천(後天) 하늘기운이 생성된다는 의미이다.

ㅌ은 왼손으로 만든 ㄷ의 형상 속에 오른손가락을 모아 날 일(一) 자로 만들어 결합시킴으로써 그 형상을 표현한다. 한글 자판에서 ㄷ자와 같은 부분과 가운데 중앙 수평선을 결합하여 사용한다. 하늘과 땅을 잇는 사이에 새로운 기운, 즉 중기(中氣, 생명의 기운)가 생성된다는 의미이다.

ㅍ은 양손의 손가락을 모아 날 일(一) 자로 하고, 오른손이 위로 가고 왼손이 밑으로 가게 한 뒤에, 오른손에서는 엄지손가락을 밑으

로 내리고 왼손에서는 엄지손가락들을 위로 들어올려서 그 형상을 표현한다. 한글 자판에서 가운데 네모의 윗변을 연장하여 사용한다. 하늘과 땅의 기운이 서로 교차, 교감하는 운영이 이루어진다는 의미이다.

ㅎ은 왼손가락을 모으고 동그랗게 말아서 원을 만든 다음, 그 위에 오른 손가락을 모아 날 일(一) 자로 만들어 위로 덮은 다음, 오른손의 엄지를 위로 세워서 그 형상을 표현한다. 한글 자판에서 가운데 동그라미와 그 윗부분을 결합하여 사용한다. 이 우주를 주관하는 흐름을 주재하는 한울님을 의미한다.

꼭지 떨어진 히읗(ᅙ)은 왼손가락을 모으고 동그랗게 말아서 원을 만든 다음, 그 위에 오른 손가락을 모아 날 일(一) 자로 만들어 위로 덮어 표현한다. 한글 자판에서 가운데 동그라미와 그 바로 윗부분을 결합하여 사용한다. 우주를 관장하는 흐름, 즉 진리를 의미한다.

꼭지 이응(ㆁ)은 오른손과 왼손을 겹쳐 둥글게 만들고 양손의 엄지를 뻗어 올리는 것으로 그 형상을 표현한다. 한글 자판의 작은 원과 맨 가운데의 점을 사용한다. 광대무변한 우주에 별똥이 떨어지듯이 한울님의 원초적 뜻이 심어지고, 나무처럼 크게 자라난다는 의미이다.

세모(ㅿ)는 양손의 손날을 사선으로 합쳐서 뚜껑을 만들고 양손의 엄지를 수평으로 하여 그 형상을 표현한다. 한글 자판의 맨 가운

데의 점을 향하여 솟아오르는 형상으로 삼각형을 취한다. 삼극에서
힘이 솟아오른다는 의미이다.

38

한글 자판과 예로부터 내려온
전승으로 푸는 한글 모음의 비밀

모음은 양손으로 형상을 만들 수도 있으나, 한글 자판을 참구해 볼 때 그 의미가 좀더 명확하게 전달된다.

'ㅏ'는 저 세상의 음(陰)을 의미한다. 한글 자판 가운데의 세로 축선과 오른쪽의 가운데 작은 횡선을 사용하여 표현한다.

'ㅑ'는 저 세상의 양(陽)을 의미한다. 한글 자판 가운데의 세로 축선과 오른쪽의 작은 횡선 둘을 사용하여 표현한다.

'ㅓ'는 이 세상의 음을 의미한다. 한글 자판 가운데의 세로 축선과 왼쪽의 가운데 작은 횡선을 사용하여 표현한다.

'ㅕ'는 이 세상의 양을 의미한다. 한글 자판 가운데의 세로 축선과 왼쪽의 가운데 작은 횡선 둘을 사용하여 표현한다.

'ㅗ'는 천상의 음을 의미한다. 한글 자판 가운데의 횡으로 된 축선과 위쪽의 가운데 작은 세로 축선을 사용하여 표현한다.

'ㅛ'는 천상의 양을 의미한다. 한글 자판 가운데의 횡으로 된 축선과 위쪽의 작은 세로 축선 둘을 사용하여 표현한다.

'ㅜ'는 지상의 음을 의미한다. 한글 자판 가운데의 횡으로 된 축선과 아래쪽의 가운데 작은 세로 축선을 사용하여 표현한다.

'ㅠ'는 지상의 양을 의미한다. 한글 자판 가운데의 횡으로 된 축선과 아래쪽의 작은 세로 축선 두 개를 사용하여 표현한다.

'ㅡ'는 죽음, 즉 소멸을 의미한다. 한글 자판 가운데의 횡선을 사용하여 표현한다.

'ㅣ'는 탄생, 즉 존재함을 의미한다. 한글 자판 가운데의 세로 축선을 사용하여 표현한다.

꼭짓점(·)은 시원(始原), 즉 존재하는 모든 것들의 원래 고향을 의미한다. 한글 자판 가운데의 점으로 표현한다.

39

진성 이씨 집안에서 전승되어 내려오는
상고한글 관련 구전

대학교를 졸업한 지 3년이 좀더 지난 어느 날, 부친께서 고마실에서 중조부께 전수받은 한글 자모에 대한 집안의 구전을 알려주셨다. 집안에 전해지는 이야기들을 정리해보면, 이 구전은 고려의 마지막 문하시중을 지내신 목은 이색의 따님인 아주 윗대 할머니가 후손들에게 남긴 것이 점차 그 맥이 희미해지기는 하였지만 자자손손 꾸준히 전해진 것으로 추정된다.

그 내용인즉, 한글 자모는 한자처럼 고유의 뜻이 있고 아주 옛날 한자에도 그와 같은 글자들이 있다고 한다. 즉 한글 모음의 'ㅗ'는 위를 뜻하는 윗 상(上)의 원래 글자라고 한다. 이는 한문을 조금 제대로 아는 사람이면 다 아는 사실이다. 마찬가지로 'ㅜ'는 아래를 뜻하는 아래 하(下)의 원래 글자라고 한다. 재미있는 사실은 이 두 글자가 남해도 신시고각에 새겨져 있다는 점이다. 즉 6천 년 전 신시시대부터 이 두 글자가 사용되었다는 것이다.

구전에 의하면, 'ㅗ'는 왼손 바닥을 수평으로 놓고 그 위에 오른쪽 손바닥을 세워놓아야 그 뜻을 제대로 알 수 있다고 한다. 'ㅜ'는 오른손 바닥을 수평으로 놓고 그 아래에 왼쪽 손바닥을 세워 붙여야 그 뜻을 제대로 알 수 있다고 한다. 자음의 'ㅅ'은 한자의 사람 인(人)과 그 모양과 뜻이 같은데, 왼손 바닥을 펴서 사선으로 하고 오른손 바닥을 펴서 사선으로 해서 받치면 그 뜻을 알 수 있다고 한다.

그리고 꼭지 이응(ㅇ)은 원래 한가운데 점이 있는 모양이었다고 이 점이 후대에 꼭지로 바뀐 것이라 한다. 원래는 옛날 한자의 별똥 주(◉)와 같은 형상이었다고 한다. 원래 형상대로 하면 왼손을 동그랗게 말아서 구멍을 크게 만들고, 그 구멍을 오른손 검지로 찌름으로써 그 뜻을 알 수 있다 한다. 즉 광대무변한 우주에서 별똥이 떨어지듯이 새로운 시작을 잉태한다는 의미라는 것이다.

40

한글 자판과 한글 자모로 풀어지는 진리훈

다시 한 번 강조하면, 한글 자모에 숨겨진 깊은 뜻의 실마리는 밤 하늘의 북극성과 북두칠성의 운행을 오래 바라보면 찾을 수 있다. 북 극성을 중심으로 북두칠성이 크게 밤하늘을 싸고돈다. 즉 한글 자모 는 시원을 중심으로 만물이 운행한다는 상징으로서 북극성(1)과 북 두칠성(7)에 완성수인 10을 집어넣은 수 11과 17을 상정하여 모음에 11자, 자음에 17자를 배치하였고, 또한 인간만사에 영향을 크게 미 치는 별자리가 총 28개 있으니 합해서 이 28수가 되도록 맞춘 것이 다. 이를 하늘의 진리, 즉 천문(天文)을 중생교화를 위해 도식화한 천 부(天符)에 결합시켜 그 묘용을 후세에 대대로 전수케 하였다.

한글의 깊은 뜻을 깨우치는 것은 고도의 심신수련을 할 때 나침 반의 역할을 해주는 매우 중요한 단계였다. 하여 도인들이 자신이 전 수하는 도맥이 제자에게 제대로 전해지고 있는지의 여부를 판별하 는 일종의 시험문제로 활용하기도 하였다.

옛날의 법도에 따라 한글의 자모를 제대로 순서를 맞춰 아래처럼 배열하면 진리의 말씀, 즉 경전이 된다.

ㄱㄴㄷㄹㅁㅂㅅㅇㅈㅊㅋㅌㅍㅎㆆㅇㅿㅏㅑㅓㅕㅗㅛㅜㅠㅡㅣㆍ

이렇게 1차 배열을 한 뒤 이를 읽으며 한글 자판과 결합하여 그 뜻을 새기면 다음과 같은 내용이 된다.

하늘의 뜻이 하늘에서 내려와 땅으로 두루 퍼진다. 하늘과 땅을 연결하여 돌리고 돌리니, 마침내 머무름이 생기고, 머무름 위에 음양의 싹이 트니 이가 곧 사람이다. 신령스런 우주에는 하늘에서 내려오는 기운이 음양으로 조화를 이루며, 이를 주재하는 하늘님이 계신다. 하늘에서 내려오는 선천원기에 감응하여 후천원기가 생성되니, 이는 하늘과 땅 사이에서 생명을 잉태케 하는 중기이다. 이 우주를 운영하는 흐름을 주재하는 하늘님은 우주의 운영을 굴러가게 하는 힘 그 자체이다. 그가 광대무변한 우주에 그 뜻의 씨를 심으니, 이는 자라서 본원으로 회귀하고자 하는 원동력인 거대한 힘을 생성케 하는 것이다. 이 세상과 저 세상, 천상과 지상의 서로 반대되는 거대한 힘인 음양은 서로 밀고 당기며, 그 오묘한 작용으로 생성함과 소멸함을 주관하나, 이 모든 것이 결국은 시원으로 귀결된다.

41

한글의 묘용을 활용한 오음 수련법

아이가 이 세상에 태어나서 최초로 배우는 발음은 '엄마'이다. 즉 엄마라는 단어가 가장 발음하기 편한 원초적인 발음이라는 의미이다. 이를 궁극적으로 탐구한 옛 선인들은 사람들이 발성기관을 통해서 내는 소리들이 각기 그 특성이 다르며, 제각기 심신안정과 건강회복에도 많은 영향을 미친다는 사실을 깨닫게 되었다.

그리하여 체내의 오행과 조화를 이룰 수 있는 다섯 가지 소리(五音)를 찾아내게 되었다. 이 다섯 소리에 포함되려면 배우기에 가장 간단하고, 동시에 오래도록 반복적으로 발성해도 전혀 피로감이 없으며, 오히려 심신을 상쾌하게 해주는 작용이 있어야 한다.

이러한 오음 수련법 중에 백제 도인들의 수련결에서 유래했다고 전해지는 것이 있다. 처음에는 정좌해서 배운 뒤에, 어느 정도 익숙해지면 한적한 벌판 또는 평탄한 산길 등을 걸으면서도 항시 수련할 수 있는 매우 뛰어난 방법이다. 아래에 그 오음과 각 음의 오행상 특성을 제시하였다.

음 음 (土星)

아 아 (金星)

우 우 (木星)

어 어 (水星)

이 이 (火星)

이 오음을 길게 발성해보면 마음이 안정되고 신체의 각 장기(五臟六腑)가 편안해짐을 체득할 수 있다. 여기에도 한글 자모의 묘용이 심층적으로 함축되어 있다. 옛날 도인들은 오랜 관찰과 실천을 통해서 이를 참구해낸 것이다.

42

천부경과 한글의 묘용을 활용한 암송 수련법

천부경은 숫자를 통한 우주 진리의 심층적 논술이라 할 수 있다. 여기에 한글의 묘용을 더한 심신수련 구결들이 여러 가지 전해지고 있다. 다음 그림은 그중에서 가장 간결한 구결을 제시한 것이다.

● 一 二 三 四 五 六 七 八 九 十 ●●

한자의 기본 숫자 배열과 한글 묘용의 결합 사례

양쪽에 있는 점은 계속 돌아가면서 반복적으로 암송한다는 의미이다. 이것을 우리가 알고 있는 기존의 한자 발음으로 "일, 이, 삼~" 하는 식으로 발성하면 제대로 되지를 않고 또 마음을 가라앉히는 침잠의 경지에 다다를 수 없다. 각 숫자의 원래 형상을 떠올림과 동시에 발음을 "이힐, 이히, 사함~"의 식으로 'ㅎ'을 끝의 발성에 추가해야 제대로 그 목적을 달성할 수 있다.

여기에서 왜 'ㅎ'을 끝의 발성에 추가하는가 하는 점이 중요한 문제이다. 이 'ㅎ'이라는 한글 자모는 원래 한울님을 상징하는 부호이다. 따라서 수련자의 바람, 즉 한울님과 소통하고자 하는 염원을 드러내는 것이다. 이는 주로 초보 수련자용 구결이라 할 수 있고, 정좌 자세를 취한 후 암송하도록 가르친다.

다음은 속칭 숫자 피라미드 형태를 띤 암송 구결이다.

숫자 피라미드

여기에서도 발음법은 위의 사례와 마찬가지이다. 하지만 암송 자세는 합장(合掌) 기마세(騎馬勢)와 유사한 자세를 취하게 하며, 지속적으로 암송함으로써 머릿골을 여는 것이 그 목적이다. 변을 따라 돌아 들어가고 돌아 나오면서 심신을 고도의 집중 상태에 들어가게 하는데, 이때는 한글 자판의 운용법과 각(角)의 묘용이 주를 이룬다.

43

진시황에 의한
중원 통일문자 소전에 대한 이해

근본을 모르는 사대주의자들과 모화주의자들은 진시황에 의해 중원에 널리 유포된 소전(小篆) 한자만이 참된 글자, 즉 진서(眞書)이고 다른 글자들은 모두 오랑캐의 것이라고 천시하였다. 그러나 이 소전에 대해서 좀더 면밀하고 자세하게 알아볼 필요가 있다. 〈설문해자(說文解字)〉에는 "진나라가 경서를 불태워 없애고 옛 전적을 깨끗이 없앴으며 관옥의 업무가 많아지자 처음으로 예서(隷書)를 만들어 편리하고 쉬움으로 나아갔다"고 되어 있다.

하지만 이학근이 쓴 〈고문자학 첫걸음〉에 의하면, 진대(秦代)의 병기명문(兵器銘文)들을 종합하여 연구한 결과, 예서는 진시황 이전 훨씬 전부터 이미 출현하기 시작했다고 한다. 이는 〈설문해자〉의 내용이 고고학적으로 부정확하다는 것을 나타낸다. 또한 진시황 때 정막(程邈)이란 사람이 예서를 만들었다는 설도 마찬가지로 부정확한 사실임을 알려준다고 볼 수 있다.

그러면 이 예서는 어디에서 왔는가. 우선 진나라의 초기 강역은 서주가 자리 잡고 있던 곳으로서, 견융족의 침입으로 주(周)족이 동쪽으로 도망간 후 오랫동안 무주공산 지역으로 남아 있어서 주위의 잡다한 세력의 부족들이 몰려와서 살던 곳으로 알려져 있다. 그 여파로 진나라는 다른 여섯 나라에 비해 문화 수준이 많이 뒤졌다고 한다.

사마천의 〈사기〉에 의하면 진나라가 초기에 조선의 압제를 받았다고 되어 있다. 그러면 진나라는 이 조선의 문자를 답습하여 썼다고도 볼 수 있다. 마치 로마제국의 오랜 지배를 받았던 게르만족들이 세운 나라들이 로마문자를 써왔듯이 말이다.

앞에서 소개한 상나라 문자들 중에서 사슴머리뼈에 새긴 문자체계는 예서와 매우 흡사하다. 따라서 상나라의 한 갈래 세력이 상나라가 무너진 후 여러 곳을 전전하며 다른 세력들과의 이합집산을 하는 와중에 계속 문자체계를 다듬어 나가다가 마침내 비교적 기록이 편리한 문자 체계인 예서를 만들었다고도 생각해볼 수 있다.

한자의 예서, 즉 소전을 면밀히 검토해보면 아래의 그림과 같은 자판으로 통일됨을 알 수 있다. 그 실용례들도 함께 소개한다.

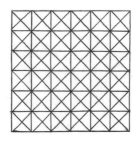

소전 한자, 즉 예서의 자판

154

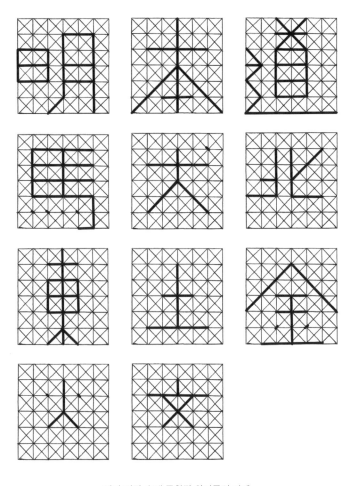

예서 자판 속에 포함된 한자들의 사례

〈태백일사(太白逸史)〉에 의하면 부여사람 왕문(王文)이 문자체계를 간소화했다고 하는데, 그렇다면 부여조선의 일파가 무주공산인 서주의 옛 땅을 지배하였고 진이 오랫동안 속국으로 존속하다가 독립하였으나 그 문자체계를 그대로 답습하였다고도 볼 수 있을 것이다. 근대 중국의 석학 임어당이 한자는 조선인이 만들었다는 말을 남겼는데, 이에 관한 내용을 좀더 면밀히 음미하여 밝혀낼 필요가 있다.

사대주의자들과 모화주의자들이 날뛰게 된 역사적 원인은 다음과 같다. 정명악이 채록한 바에 의하면, 고려시대 각급 관청에는 46종의 역사서가 비치되어 있었다고 한다. 즉 고려시대까지는 관리들이 자체적인 역사서를 많이 참조하면서 오랜 역사와 고유문화에 대한 깊은 인식을 가지고 있었음을 알 수 있다. 그리고 고려황실에는 신라왕실에서 천 년간 모아 둔 많은 귀중한 책들이 그대로 전해졌고, 고려황실에서도 470여 년간 많은 귀중한 서책들을 모아 황실서고와 황실원찰 등에 소장해왔다.

한데 조선의 개국 과정에서 이 모든 서책이 불타서 없어졌다. 또한 세종 이래 150년간 여덟 차례에 걸친 수서령(收書令)을 통해서 민가의 수많은 고서들을 거두어가서 깊은 산속의 사고 및 왕실서고에 숨겨두어 많은 선비들과 일반 백성들이 옛날 역사를 제대로 알지 못하게 했다. 잘 알려진 〈삼국사기〉도 조선 초기에는 그러한 책이 있는지도 모르고 있다가, 중종 때 경주 부윤으로 있던 이가 관청의 서고 한구석에 쌓여 있던 책더미 속에서 우연히 발견하여 이를 읽어본 것이 새로이 알려지는 계기가 되었다고 한다. 읽어보니 그 내용이 당시 조선의 국시인 사대주의에 맞는지라 조정에 품신하여 이를 여러 권 복간하여 유포한 것이 그 시초라고 한다.

〈삼국유사〉가 책의 형태로 만들어진 것은 조선 건국 후 어느 정도 시간이 지난 뒤였는데, 다행히 불교의 사찰들에서 보존되어온 탓에 후세에 전해졌다고 한다. 조선조 후기에 들어와서야 옛날 역사에 대한 논의가 활발해지고 나름대로의 주관적인 사관에 의한 역사서들이 집필되었으나, 참고할 만한 수많은 전적들이 이미 사라진 후여서 그 내용이 정치하지 못한 경우가 많다.

한자는 서기 372년 고구려의 소수림왕 때 중국으로부터 들여와서 태학에서 처음 가르쳤다는 학설이 우세하다. 하지만 이는 고고학적 발굴 사례와 부합하지 않는다. 경주의 신라 미추왕릉에서 발견된, 미추왕의 부인이 차고 있던 것으로 보이는 은제 팔찌에는 부인이 찬다는 뜻의 부인대(夫人帶)라는 예서 한자 명문이 있다.

미추왕의 재위 기간을 살펴보면 이 은제 팔찌의 제작연도는 그 하한선이 서기 284년이다. 장인이 이러한 한자 명문을 새길 정도가 되려면 그 이전 수백 년 동안 이러한 문자를 써왔던 문화적 배경이 있어야 한다. 즉 경주 지역에서는 당시 수백 년 전부터 예서 한자가 쓰여 왔다는 것이다.

여기에서 우리는 진수(陳壽)가 〈삼국지〉의 〈위지 동이전〉에 "진한에는 따로 문자가 없다"고 한 기록의 의미를 다시 검토해볼 필요가 있다. 이는 마한, 변한은 다른 형태의 문자를 썼지만 진한은 예서 한자, 즉 소전을 썼다는 의미인지도 모른다. 즉 예서 한자를 쓰는 전통을 가진 진한 또는 부여의 일족이 낙동강 동쪽으로 이주해와서 그 전통을 남겼고, 그 결과 신라 미추왕릉의 유물에 그 흔적을 남기게 되었다고 추정해볼 수 있는 것이다.

44

한글 모음 동경 유물

내몽고에서 출토된 약 2,600년 전의 동경(銅鏡)에는 산(山) 자 문양이 사방으로 둘러서 표현되어 있다. 여기의 산(山)은 'ㅗ'와 'ㅛ'의 합자라고 볼 수 있다. 그 모양을 아래 그림에 소개하였다.

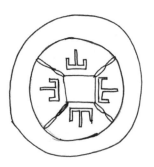

산(山) 자 문양의 동경

한나라에 귀부한 고조선 세력이 남긴 유물들에 속한 동경에서는 좀더 뚜렷한 형상을 볼 수 있다. 여기에는 네모, 즉 방(方)에 붙여서 사방으로 'ㅏ', 'ㅓ', 'ㅜ', 'ㅗ'가 있고 'ㄱ'과 'ㄴ'까지 그려져 있다. 그 모양을 아래 그림에 소개한다.

전한시대의 고조선계 동경

한글 모음에 대한 개념이 아주 오래전부터 널리 퍼져 있었음을 알려주는 유물들이다.

45

고 돌궐 문자는 고구려 한글의 유산이다

고구려는 그 풍속이 부여와 동일하다고 하였으니 부여족들이 한때 크게 세력을 차지하였음을 알 수 있다. 헌데 수나라 양제의 백만 대군을 완파한 영양왕(嬰陽王) 때에 학사 이문진(李文眞)을 시켜 국초 이래 전해져 내려온 역사서인 〈유기(留記)〉 백 권을 새로이 〈신집(新集)〉 다섯 권으로 정리하였다는 기록이 있다.

일반적으로 승리를 했을 때에는 국민들의 자긍심을 고취하고 자주성을 드높이기 위해 있는 역사를 더욱 부풀리기 마련인데, 그 책의 권수가 20분의 1로 줄었다는 것은 문자체계의 혁신이 일어났음을 의미한다. 원래 〈유기〉를 기록했던 문자체계를 다른 축약적인 문자체계가 대체했음을 나타내는 것이다.

예를 들면 한글로 쓰면 1,500쪽 이상이 되는 〈삼국지연의(三國志演義)〉라는 소설이 한자로 쓰여진 원본으로는 50여 쪽에 불과하다. 만약 한자가 기존 학설대로 소수림왕 때 중국에서 전래된 것이라면 당시에 이 문자로 새로이 역사서를 쓴다는 것은 매우 어색한 일이 아닐 수 없다. 그보다는 수나라와의 전쟁을 계기로 부여족이 고구려의 지배세력으로 올라섰고, 이 새로운 지배계급에게 친숙한 문자체계가 고구려 초기 문자의 역할을 대체했다고 보아야 할 것이다.

그러면 원래 고구려 초기의 문자는 무엇인가 하는 의문이 남는다. 그 단서는 옛날(古) 돌궐 문자에 있다. 돌궐의 후예인 투르크족의 구전에 의하면, 그들의 기원지는 압록강 중류 동가강 유역이라 한다. 이 구전이 정확하다면 그들은 송양국(松讓國)이 고구려에 복속될 때 갈라져서 서쪽으로 퍼져 나간 부족임을 알 수 있다.

이들은 대흥안령산맥에 의존하여 상당 기간 웅거하며 세력을 크게 키운 후에 서쪽으로 이동하였다. 한때 북중국과 몽골 및 바이칼호 주변을 복속시켜 세력을 떨치다가 당나라와의 투쟁 과정에서 분열하면서 그 일부가 서쪽으로 이동하여 지금의 터키를 세웠다.

돌궐족이 사용한 문자가 고 돌궐 문자인데, 이 고 돌궐 문자는 속칭 고구려 민중문자로 불리는 송양국 문자에 그 뿌리를 둔 것으로 보인다. 이 고 돌궐 문자는 중앙아시아에서 활동하던 소그드의 상인들이 쓰던 문자를 차용한 것이고, 그 사용 지역이 울란바토르 서쪽에 국한되어 있었다는 것이 현재까지의 주된 학설이었다.

하지만 2013년 7월 17일 오사카, 울란바토르 외신 종합에 따르면, 오사카대학과 몽골과학원 고고학연구소가 공동으로 울란바토르에서 남동쪽으로 약 450킬로미터 떨어진 수흐바타르 아이막 투브신 시레섬 유적 근처의 초원에서 돌궐 문자 비문을 발견했다고 전했다.

그들은 2013년 5월 말에서 6월 초순까지, 흙에 묻혀 있던 길이 3~4미터의 네모진 돌과 원형기둥에 새겨진 비문을 발굴했다. 이는 그동안 발견한 것 중에서 가장 큰 규모로서 가로 5센티미터, 세로 7센티미터 크기의 문자가 20줄에 걸쳐 총 2,832자나 새겨져 있다고 한다. 그 내용은 망자가 가족과 부하들과의 이별을 슬퍼하는 것으로 서, 비문의 주인공은 당시 동아시아의 유력한 왕조였던 돌궐 제2제 국 아시아나 왕가의 일원이었고 연대는 발케 가한과 그 후계자인 텡 그리 가한의 시기인 8세기 중반으로 추정된다.

그런데 일제 강점기에 이미 만주에서, 일설에 의하면 경박호 근 처에서, 고 돌궐 문자 비문이 발견되었고 그 탁본을 이상백 교수가 떠서 노년에 국립서울대학교 박물관에 기증한 바 있다. 이러한 사실 을 놓고 볼 때 기존 학설에는 문제점이 많음을 알 수 있다. 즉 돌궐제 국의 세력권인 적이 없었던 만주 동쪽, 게다가 발해인들이 성지로 여 겼던 경박호 부근에 돌궐 문자 비문이 있다는 것은 논리적으로도 큰 모순이다.

고 돌궐 또는 돌궐 문자는 송양국 문자에서 비롯되었으며 고구려 초기 지배계층 및 중후기의 민중들 역시 송양국 문자를 사용했다고 보는 것이 타당하다. 고구려 문화권과 돌궐 문화권은 그 태생과 지역 이 일치하였기 때문에 돌궐인들은 자연스럽게 송양국 문자를 썼다 고 봐야 할 것이다. 그래서 돌궐인들은 고구려와 형제지국임을 강조 하였다.

이 고 돌궐 문자가 바로 고구려 민중문자이고, 고구려 멸망 후에 다시 재건된 발해에서는 나라의 국문으로 고구려 민중문자를 선택하 여 공식적으로 사용함으로써 스스로의 자주성과 역사성을 드높였다.

또한 바다처럼 넓은 북방의 호수인 바이칼 안에 있는 알혼 섬 원 주민들의 구전에 의하면, 한때 고구려의 철갑 기병대가 그곳까지 진 격해왔다고 한다. 이는 기병의 신속한 장거리 이동의 특성상 충분히 개연성이 있는 이야기이다. 비슷한 예로 기원전 2세기경 흉노가 반란을 일으켰다가 실패하여 모두 말을 타고 도주하는 월지족들을 포착 섬멸하기 위하여 서쪽으로 사마르칸트를 거쳐 멀리 동부 폴란드 평원과 그 일대까지 샅샅이 수색한 적이 있다고 한다. 대규모의 기병부대가 경우에 따라서는 수천 킬로미터를 이동하여 나타날 수 있다는 것이다. 나중에 칭기즈칸의 군대가 이러한 기병의 특성을 십분 활용하여 유라시아 대륙을 아우르는 대제국을 건설한 사실과도 일맥상통한다. 알혼 섬 원주민들의 구전은, 한때 고구려의 군사력이 서쪽으로는 북몽골 지역을 넘어 바이칼 호반까지 미쳤음을 암시한다.

물론 발해의 지배세력은 소전, 즉 한자를 매우 잘 알고 있었으며 이를 여러 분야에서 많이 사용하였다. 이는 학문의 발전 및 외국과의 교류와 교역, 문물전수, 관청업무의 편의 등을 도모하기 위한 것이었다고 볼 수 있다.

아래의 그림은 고구려 민중문자의 사례이다.

울란바토르 서쪽의 고 돌궐 문자

일설에 의하면 해방 후에 고구려 시대의 옛 사찰 터에서 아주 희미하게 고구려 문자와 같은 것이 새겨진 도전(陶錢) 몇 개가 발견된 바가 있다고 한다.

만주의 고구려 민중문자 탁본

46

고구려 한글의 기틀이 된
가림토문이 나타내는 진리훈

가림토문에 대해서는 여러 가지 설이 있으나, 그 자모의 형태가 가장 잘 드러나 있는 것은 위에서 언급한 광활한 지역에 흔적을 남기고 있는 고구려 민중문자 유적이라 하겠다. 결국 발해가 망하면서 발해유민들에 의해 고려에 전승된 것으로만 사료된다. 따라서 가림토문은 아직 그 자세한 역사적 변천 연혁은 알 수 없으나 고구려 민중문자, 즉 고구려 건국 초기부터 사용된 문자의 기본 기틀이 되었다고 할 수 있다.

우선 가림토문을 해석하기 위한 순서로 배열하면 다음 그림과 같다.

내용 해석을 위한
가림토문의 배열

각 자모의 뜻을 낱글자별로 풀이해보면 다음과 같은 내용임을 알 수 있다. 이 가림토문도 전부 상고한글 자판 내에 포용된다.

태초의 시원(•)에서 생성(ㅣ)과 파괴(ㅡ)가 생겼다. 저 세상의 시원(ㅏ)이 이 세상의 시원(ㅓ)과 감응하니, 지상의 시원(ㅜ)이 생기고, 이를 바탕으로 하늘의 시원(ㅗ)이 생겼다. 저 세상의 태극(ㅑ)이 이 세상의 태극(ㅕ)을 충동질하니, 천상의 태극(ㅛ)이 생기고, 이가 지상의 태극(ㅠ)을 화하게 하였다. 태극이 음양으로 분리하여 교차하니(X), 이 세상에서 저 세상으로 연결하는 흐름(ㅋ)을 유발한다. 이로써 원만구족 상(相)인 우주(ㅇ)가 형성되니, 하늘로부터 내려와(ㄱ) 통(ㅂ)에 담기니 고정되고(ㅁ), 힘자리(ㄴ)가 된다. 힘자리에서 불끈 솟아나는 힘(ㅿ)은 음양으로 조화를 이루어 흐르고(ㅈ), 이 조화 위에 다른 새로운 흐름이 생성된다(ㅊ). 그것은 고정된 틀(⌂)과 담기는 통(⌂)을 조화롭게 채워주는 기운이다. 이로써 우주를 주재하는 기운이(ㆆ) 서로 엇대어 서고(ㅅ), 두 가지 대 이법을 담아 연결하니(M), 저 세상의 연결하는 흐름(Þ)이 돌게 되어(ㄹ), 이 세상과 저 세상의 진리를 연결하는 축(H)이 되어 교차하여 돌게 된다(ㅂ). 힘의 용솟음을 주관하는 힘(ㅿ)은 천상에서 밑으로 내려오는 것을 주관하는 흐름이다(ㅋ). 이는 음양으로 조화를 이루어 흐르는 힘을 주관하는 자리(ㅊ)이고, 엇대어 선 힘 위에 다시 엇대어 사는 힘이 생기게 하니(ㅆ), 위에서 내려온 것을 주관하는 자이다(ㄱ). 이는 하늘과 땅을 이어(工) 음양으로 교차하게 하여(ㅍ), 하늘과 땅을 음양으로 교차하게 하는 모든 것을 주관하는 흐름(ㅍ)이다.

마한 한글, 가야 한글, 신라 한글 및
백제 한글에 대한 고찰

　　마한 한글과 변한 한글에 대한 기록은 진수의 〈삼국지 위지동이전〉에 나온다. 마한 문자는 옆으로 쓰는 횡서였다고 하고, 변한 문자는 세로로 쓰는 종서였다고 한다.

　　마한 한글에 대한 입증 자료는 이이화가 지은 〈한국사 이야기〉에 소개된 사례를 들 수 있다. 그는 마한의 문자는 한자와는 달리 횡서를 한다고 기록하였고, 일본사람들이 강점기 동안 수집한 삼한의 화폐에 '가', '마', '바', '버', '밑가', '링가', '뺑가' 따위가 쓰여져 있었다고 전한다. (이이화, 〈한국사 이야기〉 권 1, 311쪽)

반도 남쪽 마한화폐의 명문 재현도

이것이 사실이라면 이는 신기하게도 진수가 기록한 내용과 일치한다. 즉 마한에서는 횡서로 쓰는, 즉 가로로 쓰는 한글을 사용하였다는 증거가 되는 것이다.

변한 한글 및 그 뒤를 이은 것으로 추정되는 가야 한글에 대한 유물자료는 아직까지 알려진 바가 없다. 단지 부산대의 송교수가 일본에 유학하던 시절에 당시에 규슈 지역을 여행하다가 어느 나이 많은 일본인에게 듣기를, 한적한 바닷가의 어느 눈에 잘 뜨이지 않는 바위 암벽에 가야 한글이 새겨져 있다고 한다. 일본열도 규슈 섬의 하카다에서 서쪽으로 나가서 궁벽한 해안으로 가면 바위 위에 가야 한글이 새겨진 암벽이 있다는 구전이 일본인들에게 수천 년간 전해 내려오고 있다는 것이다. 이는 백결 선생의 후손이 옛날 한글을 바쳤다는 이야기와도 일맥상통하는 점이 있다.

신라는 건국되기 이전에 연나라 사람들 및 고조선 사람들이 대륙에서의 전쟁과 학살을 피하기 위해 먼 길을 배를 타고 돌아와 집단으로 거주하기 시작하였고, 그 뒤를 이어 대륙을 탈출한 진한 사람들이 몰려와서 지배층을 형성한 바가 있다. 따라서 이 진한 사람들이 소전 한자를 가지고 와서 신라 건국 이전부터 그 지역에서 사용했을 확률이 높다.

이에 대한 열쇠가 될 수 있는 것이 김알지의 내력이다. 문무왕이 시조로 모시는 김알지는 과연 누구인가. 문무왕비(文武王碑)에 의하면, 김알지는 태호 복희씨에게서 갈라져 나온 소호 금천씨(少昊 金天氏)의 아주 먼 후손이고 또한 화관후(금씨의 오랜 조상)의 후손이었다. 그리고 그는 북부여 황녀인 박혁거세의 모친이 전해준 예법과 동일한 예법을 알고 있었다. 이 사실들을 종합하면 그는 부여계이고,

북부여의 황족의 후예였으며, 어떤 연유에서인지 신라 왕궁에서 받아들여져서 길러졌다. 이 김알지의 후손들이 신라 김씨 세습왕조를 형성하였다. 따라서 이들은 부여의 전통에 친숙하였을 것이다.

이러한 문자 전통이 신라 지배계층에서 그대로 답습된 결과 미추왕릉에서 출토된 은으로 된 팔찌에 소전 한자의 명문이 있는 것이라 사료된다. 또한 북방에서 나중에 유입된 것으로 추정되는 북부여 세력 등도 소전 한자를 썼을 것이다. 이것이 김부식이 쓴 〈삼국사기〉에 신라의 기록은 건국 초기부터 아주 상세하게 나오지만 마한에 대한 기록과 변한 및 가야에 대한 기록은 거의 없는 이유라고 할 수도 있다.

특히 가야는 건국 초기에 신라보다 훨씬 부강한 나라였으며 문화 수준이 높고 넓은 지역과 활발한 교역을 해서 풍부한 역사기록들이 있었을 것으로 추정된다. 그럼에도 그 내용이 전해지지 않은 것은 소전 한자를 사용하지 않았던 탓일 것이다.

신라 지배층은 한자를 썼으나 그 밑의 계층에게는 이를 그대로 쓰기가 매우 불편했을 것이다. 한자로는 말을 그대로 발음대로 표현하기가 불가능하여 의사전달이 쉽지 않다. 따라서 이들은 이두(吏讀)라는 체제를 개발해냈다. 한자로 뜻을 표현하는 것이 아니라 한자의 음을 차용하여 소리 나는 그대로 전달하는 틀을 개발한 것이다.

허나 나중에 세월이 오래 지나다가 보니 점차 번잡해지고 통일성이 부족하게 되었다. 그리하여 통일신라 초기에 설총이 이를 정리하게 되었다. 통일로 인해 신라 하급관리들의 업무량이 많아져서 좀더 효율적으로 이두를 사용해야 할 필요성이 생겼던 것이다. 덕분에 이두는 고려를 거쳐 조선 때까지 전해질 수 있었다. 이두라는 것은 문자의 뜻 그대로 하급관리들이 편리를 위해 쓰는 소리글로서, 진정한 소리글자인 언문으로 가기 전의 차용형 문자체계라 할 수 있다.

최근 공주 지역에서 출토되어 공주박물관에 보관된 백제 창왕의 태묘지석(석조사리감)에는 백제 창왕의 소위 누이가 자신을 '뮤'라고 표기하였다.(좌측 네 번째 글자) 이 외에는 다 한자로 되어 있어 얼핏 보면 착각하기 쉽지만, 한자 중에는 이 모양과 비슷한 글자가 없다. 백제왕실이 권위를 높이기 위해 신성길상문자인 상고한글을 사용한 사례로 보아야 할 것이다.

백제왕실에서 제례의 주요한 역할을 맡고 있었을 것으로 추정되는 그녀가 자신의 이름을 상고한글로 적은 것은 백제왕실의 성스러움을 높이기 위한 것이라고 볼 수 있다. '뮤'라는 글자의 뜻을 해석하면 다음과 같다. '땅 위에 내려오는 두 가시 기운을 좋은 쪽으로 고정한다.' 즉 왕의 원활한 통치를 돕는다는 의미이다.

창왕명 석조사리감
(국립부여박물관)

이와 연관하여 살펴볼 것은 백제 무령왕의 관이다. 이 백제 무령왕의 관은 일본 땅에서 천 년 가까이 자란 엄청나게 크고 성스러운 나무를 가져와서 관으로 만든 것이다. 백제 무령왕이 단군의 별칭인 거수대장군(巨樹大將軍)의 예에 따라 장례를 치렀음을 알 수 있다. 거수대장군이라 함은 거대한 나무, 즉 신단수 밑에서 즉위하신 분이라는 뜻이다. 따라서 거대한 나무로 관을 만들어 그 속에 장례를 지낸다는 것은 스스로가 단군의 후계자임을 자처함으로써 왕실의 권위를 높이는 것임을 알 수 있다. 백제는 옛 고조선의 넓은 강역을 수복하였고 국초에 마한을 쳐서 병탄하였기 때문에 이러한 과시가 가능하였다고 볼 수 있다.

백제인들은 한때 그 나라 이름을 남부여라고 했다. 그 지배층이 부여인의 후손임을 나타낸 것이다. 따라서 건국 초기부터 지배층들은 한자를 썼겠지만, 그 밑의 계층들이 한자를 그대로 쓰는 것은 많은 불편을 초래하였을 것이다. 특히 백제는 강성하고 문화가 융성했으며 넓은 영역을 다스렸기 때문에 관청 업무가 매우 번잡했으리라 추정된다. 따라서 하급관리들, 호족들 및 부유한 상인들은 그들 나름의 손쉬운 표기 방법이 필요했을 것이다.

일제 강점기 말에 공주 군수리에서 백제 문자가 새겨진 토기가 발굴되어 일본으로 반출된 사실이 있는데, 그 형태는 한글의 필기체와 유사한 것으로 추정된다. 백제 문자의 존재를 뒷받침해줄 수 있는 다른 자료로는 10~12세기에 간행된 고려 불경에 한자로 된 원문 옆에 필기체 비슷하게 그 음을 표시해놓은 것이 있다. 이를 각필이라고 하는데, 최근 과학기술의 발전과 옛 기록들에 대한 면밀한 검토에 힘입어 점차 그 발견 빈도가 높아지고 있다. 다음 그림은 최근 〈한국경

제〉 신문에서 고광직 논설위원이 제시한 연구내용의 사례이다.(2001
년 12월 10일, 〈훈민정음과 각필〉 기사에서 발췌)

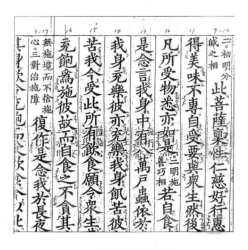

고려 초중기 각필의 사례

　여기에서 주목할 만함 사실은 이 각필이 일본의 가타카나의 형태
와 상당히 유사하다는 것이다. 이를 근거로 추론해보면 백제시대에
하급관리들을 중심으로 한 계층에서 복잡한 한자를 간략하게 소리
로 표현하려는 노력이 왕성하였고, 이것이 통일신라와 고려로 전승
된 동시에 일본으로도 건너가서 가타카나의 바탕이 되었다고 볼 수
있다. 통일신라의 고승 원효대사가 직접 집필한 것으로 알려진 책이
일본의 어느 사찰에 있다고 하는데, 여기에서도 각필의 흔적이 발견
된다고 한다.

■ 한국 구결과 일본 가나의 유사성

구결	고안 방식	가나
隱 → ㄱ (은) 衣 → ㅎ (에)	한자획의 생략	阿 → ア 衣 → ラ
中 → 十 (에)	초서체의 단순화	之 → し
乙 → 乙 (을)	한자를 그대로 사용	千 → チ

각필과 가타카나의 유사성

현재 학자들의 통설은 일본의 가타카나가 한자의 부획을 떼어서
아주 간단하게 만든 소리문자 체계라는 것이다. 하지만 이 가타카나
를 잘 살펴보면 50개의 문자가 하나의 문자 틀로 통합됨을 알 수 있
다. 아래 그림에 가타카나의 문자 틀과 제자 사례를 제시하였다.

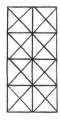
가타카나의 문자 틀

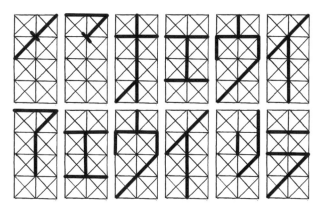

가타카나의 제자 사례

이런 사실들을 놓고 볼 때, 백제의 조상들이 하나의 틀에 따라 그 이전의 복잡다단한 한자 체계를 정리한 소전을 창제하였듯이, 일본 열도로 건너간 백제의 후손들도 더욱 간편한 틀을 짜서 소리글자화 된 가타카나를 창제했다고 추론할 수 있다.

48

발해 한글과 통일신라 한글

발해는 건국 초기에 당나라 조정에 한자로 된 국서를 보내지 아니하고 발해 문자로 된 국서를 보냈다. 당나라 조정의 대소신료 중 아무도 그 의미를 알지 못하였는데 대문호였던 이태백(李太白)이 홀로 그 뜻을 풀이하여 그제야 답변서를 써서 보내었다고 한다. 이렇듯 발해 황제는 고구려를 이어받았다고 자처하여 연호를 천통(天統)이라 하였고 고구려 민중문자를 이어받아 사용하였다.

세 사람이 힘을 합치면 호랑이도 맨손으로 때려잡는다고 할 정도로 억센 기상과 용맹을 자랑하던 발해인들은 합심하여 나라를 일으키는 데 진력하였다. 그 결과 나라가 융성하여 40만 대군을 상비군으로 거느린 해동성국(海東盛國)이라 하였는데, 200여 년을 번성한 뒤에 백두산의 거대한 화산폭발로 수많은 백성들이 죽고 국토는 황폐해지는 등 그 피해가 막심하여 나라가 크게 기울었다.

이 틈을 타서 거란이 재빨리 단지 수만 명의 군사를 일으켜 쳐들어왔으나 이를 제대로 막을 수가 없었다. 그리하여 태자 대광현(大光顯)을 위시한 5만 명이 고려로 망명하고, 발해의 마지막 황제 선

(譔)은 백성들이 학살당하는 일을 막기 위해 스스로 목을 매어 양에게 끌게 한 뒤 거란 왕에게 항복하였다.

발해를 아울러 영토가 제법 커지자 거란은 요(遼)나라를 창건하였다. 그리고 건국 즉시 요나라 문자를 반포하여 단독으로 사용하게 하였으니 발해 문자는 삽시간에 사라지고 말았다. 일설에 의하면 나중에 발해 부흥운동이 실패로 돌아가자 대규모의 탄압이 자행되었다 한다. 발해 오경(五京)의 모든 전적이 불에 타서 없어지고, 글을 아는 발해인들은 강제로 서쪽 멀리 황량한 풀밭만 있는 곳으로 추방되어 간신히 양을 쳐서 끼니를 잇는 형편으로 전락하였다. 그리하여 옛 발해 땅에서는 발해 문자의 흔적을 찾아보기 어려워졌다고 한다.

결국 발해인들이 가져온 많은 서책들에 의해 고구려 민중문자가 고려로 유입되었다. 그리고 이는 고려 한글 정립에 많은 영향을 끼친 것으로 사료된다. 일설에 의하면 고려 중엽까지 천장사라는 사찰에 3권으로 된 발해 역사서가 전해져왔다고도 한다.

통일신라는 불완전하나마 삼국을 통일하였다. 백제의 옛 땅 일부와 고구려의 옛 땅 일부를 차지하였고, 당나라와의 8년에 걸친 대전쟁에서 당군을 패퇴시켜 스스로의 군사적 역량을 과시하고 자주성을 확보하였다.

그러나 수당과 네 번 싸워서 세 번 이기고 마지막 한 번의 패전으로 나라가 망한 고구려의 사례에서 보듯이 전쟁을 지속하는 것은 국가 이익에 부합하지 않는다고 판단한 통일신라는 당나라의 화친제의를 받아들였다. 그리하여 100여 년간의 황금기를 누렸으니, 문물과 문화가 크게 발전하여 동아시아에서는 당당히 당나라에 이어 두 번째의 국가 서열을 자타가 공인하였다. 또한 교역이 크게 번성하여 한때는 금성(金城), 즉 지금의 경주 인구가 17만 호에 달하였고 성민 모두가 숯을 때서 밥을 지어먹을 정도로 매우 윤택한 생활을 하였다.

이 금성이라는 이름도 태양을 상징하는 노란색의 황금을 지칭하는 것으로서, 황금의 도성 또는 태양의 도성이라고 할 수 있다. 이들은 또한 옛 진국의 전통을 일부 반영하여 금성 옆에 월성(月城), 즉 달의 성을 쌓아 중요하게 여겼다. 이러한 사회적 분위기에서 고구려인, 백제인, 투항한 당인 및 잡다한 지역의 부족들이 금성을 위시한 통일신라 여러 곳에 거주하여 교류를 하게 되었다. 그 결과 이두를 능가하는 더욱 쓰기 편리한 문자체계가 만들어진 것으로 추정된다.

하지만 이에 대한 고고학적 사료는 아직까지 발견된 바가 없다. 단지 원효대사의 가르침을 우리나라 문자로 적었다는 사실만 전해지는 것으로 보아, 당시 자주적인 문자가 민중들의 힘으로 창제되었으며 매우 복잡하고 사추(思推)적인 원효대사의 사상을 그대로 표현할 정도로 아주 세련된 형태를 갖추었음을 추론할 수 있다. 결론적으로 말하자면, 이것이 고려시대에 왕성하게 사용되었고, 여러 가지의 사용 사례들에 대한 새로운 개량 시도가 이루어져서 언문의 효시가 되었다고 추정된다.

49

고려 한글, 즉 언문과 그 유물 사례

일반 백성들이 주로 썼던 것으로 알려진 고려 한글에 대한 기록을 찾아보기는 매우 어렵다. 이는 몽고란에 의한 대대적 파괴가 그 주요한 원인으로 알려져 있다.

몽고란의 경과를 살펴보기 위해서는 그 발생 배경을 알아볼 필요가 있다. 건국 초중기에 요나라(거란)의 대대적 침입을 무력으로 격퇴한 고려는 이후 요와 고려의 전쟁을 틈타 새로이 흥기하려는 여진족의 세력이 동북방을 위협하게 되자 윤관(尹瓘)에게 보병과 기병 등으로 구성된 17만 대군을 인솔하게 하여 악전고투 끝에 여진 세력을 붕괴시키는 데 성공하였다. 그 후 강성했던 요나라가 마침내 여진이 세운 금(金)에게 망하고, 그 사이 송나라는 양자강 남쪽으로 밀려나게 되었다.

이러한 와중에 고려는 중립을 잘 지킨 덕택에 무역을 통하여 막대한 부를 축적하게 되었다. 즉 나라 안에 없는 것이 없다고 할 정도였고, 백성들의 생활이 크게 윤택하여져서 조선시대의 양반들보다 더 부유한 생활을 영위하였다.

그러던 차에 세력이 커진 금나라가 고려와 형제의 예를 맺고 자신들이 형님 나라가 되고자 하였다. 이때 조정의 대신들이 이를 수락하도록 고려황제에게 건의하여, 고려는 금나라의 동생 나라가 되고 전쟁을 피하게 되었다. 금나라는 양자강 북쪽의 드넓은 기름진 땅을 차지하게 되자 동쪽 변방의 옛 영토를 다스리기가 어려워졌고, 선심 쓰듯이 일부 동쪽 변경의 땅들을 고려에 할양해주었다. 일설에 의하면 중요한 요충지인 요동을 제외한 그 동쪽 지역이었다 한다.

이 사이 고려에서는 무신들의 위치가 쇠락하고 문신들이 득세하였다. 문신들은 무신들에게 배정된 땅들을 빼앗기 시작하였고, 더불어 불어난 장원과 재물들을 지키기 위하여 자신들이 사사로이 거느리는 사병의 숫자를 계속 늘렸고, 많은 승병을 거느린 유력한 사찰들과 연계하여 세력을 키우니 그 위세가 더욱 커져갔다.

그러던 차에 부강해진 국력을 바탕으로 고려건국 이래의 숙원인 고토회복을 하자는 운동이 일었다. 여기에 편승하여 묘청이 서경 천도설을 주장하며 황성을 새로이 쌓고, 서경을 도읍으로 하여 북방 진출의 더욱 강화된 교두보로 삼고자 노력하였다. 하지만 이는 개경(開京)에 근거를 둔 중앙의 문신 귀족들에게는 하나의 커다란 도발이었다.

결국 묘청을 따르는 무리는 반란군으로 낙인이 찍히고, 급기야는 김부식이 이끄는 대규모 토벌군이 서경으로 진격하였다. 1년여의 대치 국면 끝에 묘청을 따르는 무리는 묘청을 죽이고 중앙군에 투항하였다. 하지만 중앙의 문신 귀족들은 차제에 이러한 싹을 잘라버리기 위하여 서경 주민들을 모조리 역도로 몰아 살육하니 서경이 폐허가 되고 말았다. 이어서 문신 귀족들의 횡포에 반기를 드는 무신들도 역도로 몰아 죽이는 등, 무신들에 대한 멸시와 핍박은 점차 그 도를 더하여 갔다.

고려 의종(毅宗) 24년에 고려 황제가 유흥을 위하여 대소신료를 대동하고 보현원(普賢院)에 나들이를 하는 과정에서 문제가 생기자, 정중부(鄭仲夫)가 난을 일으켜 수행했던 문신들을 모조리 참살하고 이어서 개경 황궁으로 수하들을 이끌고 와서 머리에 관모를 쓴 문신들은 모조리 닥치는 대로 찔러 죽여 시체로 동산을 쌓았다고 한다. 이 와중에 우리나라의 옛 역사와 고유문화를 제대로 아는 많은 중앙 관리들이 목숨을 잃었다. 또한 정권을 휘어잡은 무신들은 충청도 지방 하층민들의 반란을 진압하는 과정에서, 자진해서 해산한 그들을 역도로 몰며 수많은 지방민을 살해하였다. 그리하여 그 당시 충청도의 인구가 눈에 띄게 줄었다 한다.

다른 야심 찬 무신들이 차례로 들고 일어나서 정권을 번갈아 탈취하니 그 와중에 많은 장수들과 정예 군사들이 희생되었다. 또한 동경(東京), 즉 지금의 경주에서 반란이 일어나자 이를 토벌하는 과정에서도 그곳 주민들을 무차별하게 살육하니, 그 번성했던 동경이 거의 쑥대밭이 되고 말았다. 마지막으로 최충헌(崔忠獻)이 집권하면서 어느 정도 정국은 안정되었으나 고려의 국력은 이미 크게 쇠약해진 뒤였다.

새로이 흥기하는 몽고군과의 전투에서 패퇴한 거란족 패잔병 5만이 고려 땅인 강동성(江東城)에 쳐들어와서 성을 점령했으나, 이를 스스로의 힘으로 격퇴하여 함락시키지 못하였다. 나중에 이들을 추격해 당도한 몽고군의 힘을 빌어서야 간신히 강동성을 점령할 수 있었다. 몽고군들은 자신들이 고려에 은혜를 입혔다는 점을 강조하여, 철군하면서 사냥을 명목으로 고려 땅에 몽고무사 36명을 10년 동안 남겨두도록 하는 데 성공하였다. 이는 언젠가는 그들과 충돌하게 될 고려의 허실을 정탐하기 위한 것이었다. 그런 연유를 뻔히 알지만 국력을 재정비하기 위한 시간을 벌기 위해서 몽고와의 즉각적인 충돌을 피하고 싶었던 고려에서는 이를 수락하였다.

남겨진 36명의 날렵하고 눈썰미가 매서운 몽고 무사들은 10년간 고려 북방을 샅샅이 누비면서 군사를 매복하기 쉬운 곳, 복병을 만나면 피하기 어려운 곳, 높고 큰 산의 위치와 지형지세, 큰 강과 호수의 배치 및 그 주변 상황들을 낱낱이 파악한 뒤 몽고로 돌아갔다. 그러한 정보를 파악한 몽고에서는 마침내 고려에게 굴욕적인 항복 조건을 제시하며 이를 받아들이기를 강요하였다.

하지만 그들도 고려와의 전면전은 내심 피하고 싶은 선택이었다. 만리장성 북쪽의 민족들에게는 영웅이라고 추앙받는 당태종 이세민(李世民)이 30만 명의 정예대군을 이끌고 고구려에 쳐들어왔다가 연개소문에게 몰살당한 바가 있고, 수양제(隋煬帝)는 113만 대군으로 고구려에 침입하였다가 그 태반의 군사를 잃고 나라가 망했다. 거란족이 세운 강성한 요나라는 40만 대군을 동원하여 고구려를 승계하였다고 자처하는 고려를 쳤으나 이기지 못하고, 여러 번의 전투에서 많은 인명 손실이 난 탓에 고려와의 전쟁으로 거란남자의 씨가 말랐다고 할 정도였다. 그 결과 그들은 여진족이 세운 금나라에게 망해버렸다.

몽고는 한때 자신들을 복속시키고 양자강 이북을 모조리 차지하여 강성함을 자랑하던 금나라도 고려와의 전쟁은 회피하였다는 사실을 잘 알고 있었다. 몽고군이 강하다고는 하나 전군을 통틀어봐야

20만 명에 불과하였다. 따라서 단 한 번에 이 대군을 모조리 투입했다가 전멸한다면 몽고라는 나라 자체가 역사 속에서 사라질 수도 있는 일이었다.

하지만 이들은 고려국의 사정을 면밀히 염탐한 결과 개경, 동경, 서경이라는 세 개의 큰 도시 중에서 이미 동경과 서경은 폐허로 변했고 오랜 무신란으로 국가의 기강이 무너지고 국력이 피폐해졌다는 것을 알게 되었다. 장차 대륙을 도모하여 모조리 차지하려면 고려를 굴복시켜야 하는데, 이 절호의 기회를 놓칠 수 없다고 판단한 몽고에서는 사신 저고여(著古與)의 암살사건을 계기로 고려에 대한 개전을 선포하였다. 그들의 전략은 대륙에서 치열한 정복전쟁을 벌이다가 잠시 틈이 나는 대로, 단번에 수만 명의 기병을 동원하여 전광석화처럼 고려에 대한 전격적인 기습공격을 감행하는 것이었다.

이를 예견한 고려는 이에 대한 방책으로, 도성을 바다로 둘러싸여 몽고군이 범접하지 못하는 강도(江都, 강화도)로 천도를 한 뒤 장기적인 지구전으로 몽고군을 지치게 하여 스스로 물러나게 하려는 책략을 세웠다. 고구려와는 달리 당시 고려는 국력이 피폐한 탓에 강력한 기병을 대규모로 양병할 만한 여건이 못 되었다. 그 당시 강력한 기병대의 공격을 막는 최상의 방법은 역시 강력한 기병대를 동원하는 것뿐이었다.

첫 번째 몽고군의 침입은 압록강 변에서 막았는데, 그 진격 요충지에 서너 길 높이의 길고 높은 목책을 세우고 그 위에 수천 마리분의 소가죽을 덮고 물을 뿌려 한밤중에 삭풍에 얼어붙게 하여 얼음 장벽을 만드니 할 수 없이 몽고군이 물러갔다.

두 번째 침입은 귀주성(龜州城)의 공성전에서, 몽고군이 갖은 계책을 동원하여 성을 공략하였으나 박서(朴犀) 장군이 이를 모두 막아내며 두 달을 더 버티자 마침내 몽고군은 물러나고 말았다. 당시 전투를 지휘한 백전노장인 몽고군의 장수가 말하기를 "천하를 두루 다녀 봐도 이렇게 성을 능숙하게 지키는 군대는 겪어본 바가 없다"고 하였다.

세 번째 침입 때 몽고군은 원수 살례탑의 지휘하에 대군을 편성하여 휩쓸고 쳐내려와서 지금의 수원 근처에 있던 처인성(處仁城)에 이르렀다. 이때 처인성에서 승려 김윤후(金允侯)가 신라 천보궁(千步弓)으로 몽고군 원수 살례탑의 왼쪽 눈을 독화살로 관통케 하여 절명토록 하니, 몽고군이 그대로 철군하고 말았다.

하지만 고려의 조정에서는 군민들의 분전을 도외시한 채 허송세월만 하였다. 무신난 때 할아버지와 아버지의 활약 덕분에 높은 지위를 차지한 자들은 몽고군과의 전투에서 승리하여 백성들의 추앙을 받는 장군들을 그 직책에서 끌어내리고, 강도에서의 비좁음과 답답함을 달래기 위해 채운놀이 등의 신기한 놀이에 빠져 기병을 양성하고 수비방어선을 보강할 막대한 국력을 탕진하였다. 채운놀이란 형형색색의 비단을 크게 잘라서 많은 백성들이 이를 들고 뛰어다니며 큰 산의 경관을 바꾸게 하는 것으로서, 멀리서 감상할 때 계절이 수시로 바뀌는 듯하고 갖은 신기한 형상을 드러내므로 멀리서 완상(玩賞)하기에 매우 흡족한 놀이였다고 한다.

한편 불교가 국교인 탓에 신앙심에 의지하여 황제 이하 백성이 혼연일체로 하나가 되어 이 난관을 극복하고자, 대규모 국가사업으로 대장경을 판각하게 되었다. 이는 거란 성종(聖宗)이 개경을 침입했을 때 초조대장경(初雕大藏經)의 간행으로 그들이 물러간 전례를 참고한 것이다. 하지만 이 대규모 사업은 다른 한편으로는 막대한 인력과 물자를 탕진하는 일이었다. 거친 몽고군들이 대장경을 읽어준다고 해서 곱게 물러갈 일은 없었던 것이다.

고려와는 달리 몽고에서는 칭기즈칸이 계급을 타파한 이래 능력이 있는 자는 반드시 장군으로 중용하니, 몽고군의 장군과 고려군의 장군들은 점차 그 능력의 차이가 드러나게 되었다. 마침내 몽고군의 4차 침입 때부터는 고려군의 방어선들이 차차 무너져 내리게 되었다. 그리하여 몽고군의 7차 침입 때에는 거의 대부분의 고려 방어선이 무력화되었다.

고려를 수차례나 침입하여 국토의 태반을 유린했지만 고려인들의 항몽 의지가 꺾이지 않자, 몽고군은 전국 각처를 휘젓고 다니면서 절의 불상과 서책들은 눈에 띄는 족족 모조리 불태웠다. 30여 년간 8차에 걸친 몽고군의 대규모 침입에도 고려는 항복하지 않았다. 하지만 매 침입 때마다 고려가 입은 피해는 막심하였다.

마지막 8차 원정 때 쳐들어온 몽고군들은 수년간 고려에 주둔하면서 수많은 고려인을 살육하고 온갖 지역을 파괴하였고, 마지막으로 철군할 때 포로로 끌고간 사람만 해도 20만 8천 명에 달한다고 한다.

몽고는 서하문자를 비롯한 수준 높은 문화를 갖고 강성함을 자랑하던 서하(西夏)제국을 7년간의 전쟁으로 굴복시키고 나자 그간의 죗값으로 서하인들을 모조리 살육하여 씨를 말려, 서하라는 나라 자체가 완전히 사라지게 한 바가 있다. 양자강 이북 전체를 호령하던 금(金) 제국도 세 번의 전쟁으로 멸망시켰다. 또한 멀리 유럽까지 진격하여, 5만 명의 몽고군이 폴란드 동부 대평원에서 교황의 급명을 받고 유럽 각지에서 모여든 철갑기사부대 10만 명을 단 한 번의 전투에서 모조리 몰살시키기도 했다. 양자강 남쪽의 남송도 두 번의 원정으로 완전히 멸망시켰다.

그럼에도 고려인들의 저항 의지는 날로 강화되었다. 마침내 천하무적을 자랑하던 몽고군이 고려 남쪽의 작은 성에 불과한 청주성에서 70여 일에 걸친 전투에서 패퇴하는 변고가 발생하였다. 이에 놀란 몽고군은 한편으로는 회유하고, 한편으로는 무력으로 윽박지르는 전략을 썼으나 강도에 틀어박힌 고려 조정은 움직이지 않았다. 이에 몽고가 지쳐서 일단 강도에서 뭍으로 나와서 조건 없이 강화를 하자고 제안하였다. 이를 고려 황제가 받아들임으로써 종국적으로는 고려가 원나라의 부마국이 되는 선에서 30여 년에 걸친 오랜 전쟁이 마무리되었다.

고려는 470여 년간의 역사 중 8차에 걸친 거대한 외적의 침입으로 수많은 고려인이 죽고 포로가 되어 끌려가곤 하였으나 불사조처럼 다시 일어서서 나라의 자주성을 지켰다. 이는 묵묵히 자리를 지키고 그 본분을 다한 고려 어머니들의 공로라 할 수 있다.

조선시대에 역사를 제대로 모르는 몰지각한 선비들이 언문을 '암클'이라 천시하여 불렀는데, 이는 고려의 어머니들이 자신의 생각을 손쉽게 전달할 수 있는 소리문자 체계인 언문을 굳세게 지켜내어 조선 초까지 그 명맥이 이어졌음을 나타내는 것이다.

대륙의 송(宋)나라에서도 '뉴슈'라는 손쉽게 표기하는 소리문자가 여인들 사이에서 성행한 바가 있었으나, 후대로 갈수록 그 명맥이 미약해져서 마침내 사라지고 말았다. 전하는 바에 의하면 이 뉴슈의 근원은 상나라 여인들에게로 거슬러 올라간다고 한다. 지배계층이 복잡한 갑골문자를 사용하던 상나라에서, 그 아래 계층의 여인들은 자신의 의사를 쉽게 표현하기 위한 소리문자에 대한 욕구가 컸고 이에 대한 다각도의 시도가 있었음을 알 수 있는 것이다.

일반 백성들이 원하는 문자는 일단 쉽게 배우고 쉽게 쓸 수 있는 것이라야 한다. 따라서 진서(眞書) 운운하는 이야기는 광범위한 역사를 제대로 모르고 하는 허튼소리라고 할 수 있다.

고려 한글에 대한 공식적인 기록은 남아 있지 않으나 일제 강점기 말에 정명악이 황해도 구월산에서 발견하여 책자에 수록해둔 것이 있다. 1942년경 일본 동경제대 철학과 3학년 학생이던 그는 독립운동가들과 연계가 되었다는 혐의로 일제 고등계 형사에게 체포되어 두 달간 모진 고문 끝에 일단 풀려났다. 한데 그 당시 정세를 보아하니 일본 땅에 계속 머무르다가는 태평양 전쟁에 학도병으로 끌려갈 판이었다.

일제의 총알받이가 되기를 거부하기로 결심한 정명악은 조선으로 탈출하여 해방될 때까지 3년 동안 전국 방방곡곡의 산골을 누비며 피신처를 옮겨 다녔다 한다. 그 과정에서 황해도 구월산에서 그곳 주민들의 말을 듣고 답사에 나서, 구월산 아주 깊은 곳에 1,100여 년 전에 세워졌다고 전해지는 고려시대 석비를 발견하였고 그 내용을 기록해두었다. 아쉬운 것은 당시 형편이 여의치 못하여 탁본을 뜨지 못한 탓에 아주 정확하게는 전달이 안 된다는 점이다. 오른쪽 그림은 그가 남긴 기록을 재현한 것이다.

이는 조선 훈민정음 자모 결합체계와는 약간 다른 상이점을 보여주는 한편, 지금으로부터 약 1,100년 전인 고려 초중기에 고려 한글(언문)이 쓰였음을 알려주는 사례이다. 구월산은 고려황실에서 신성시하던 산이었고 고려 때까지는 단군사당이 있었다고 한다. 새겨진 내용으로 보아 이 고려 한글 석비는 고려황실의 어느 여인의 발원으로 세워졌다고 추정된다.

구월산 고려 한글 석비 명문 재현도

조선조 창업 직후
이성계에 얽힌 한글 이야기

황우연이 쓴 〈천부의 맥〉에 의하면, 조선조가 새로 창업되고 나자 태소 이성세는 나라의 연원이 오래되었음을 알리는 옛날 물건을 바치는 자에게 많은 상금과 벼슬을 내리겠다는 포고를 했다. 이때 가야 백결 선생의 후손이 옛날 가야 한글로 쓰여진 것을 바쳤고, 홍해 박씨도 가내에 대대로 전해오던 옛날 한글을 바쳤다고 한다. 그 후로 조선왕실에서 조선왕실의 권위를 높여준 홍해 박씨를 후히 대접하였다고 한다.

이처럼 조선왕실의 권위를 높여준 자료들은 조선왕실의 원찰인 회암사(檜巖寺)에 모셔졌다고 추정된다. 하지만 이 회암사는 중종의 후비이자 명종의 어머니인 문정왕후가 죽고 난 직후에 불에 타서 없어졌다 한다.

세종대왕의 훈민정음 창제 배경

훈민정음은 단기 3,799년, 서기 1446년에 조선조 4대 왕인 세종대왕의 재위 28년에 왕명에 의해 반포되었다. 여기서 우리는 왜 세종대왕이 훈민정음(訓民正音)이라는 이름을 채택하였는지 고찰해보아야 할 것이다. 일반인들이 흔히 생각하듯이 세종대왕이 한글을 창제했다면, 그 이름이 조선정문(朝鮮正文) 또는 훈민정문(訓民正文)이 되어야 마땅한 것이다. 세종대왕은 그 자신이 문자를 만든 것이 아니라 자방고전(字倣古篆), 즉 그 옛날의 신성한 상고문자에서 글꼴을 따와서 그대로 썼다고 훈민정음 반포 서문에 적시하였다.

따라서 한글을 세종대왕이 창제했다고 하는 이야기는 매우 잘못된 것이다. 세종대왕은 백성들이 편히 자신들의 의견을 밝힐 수 있는 소리글을 정리하여 반포한 것이다. 이 나라의 백성들이 쓰는 발음이 중국사람들과 같을 수는 없으므로, 중국사람들의 한자음을 그대로 빌려서 쓰는 것도 문제가 있다고 본 것이다. 즉 신라왕조 이래로 사용된 이두(吏讀) 체계의 미흡함을 갈파한 것이고, 이 훈민정음의 새로운 틀에 삼극, 음양, 오행의 묘용을 담아서 반포한 것이다.

세종대왕은 학식이 아주 높은 학왕(學王)으로서, 아주 상고시대 이래의 한민족의 문자발전에 대한 고찰을 통해 그것을 정리하고 가장 근본적인 정수를 취해 훈민정음을 반포하였다. 그 목적은 신생 조선왕조의 역사적 정통성을 천명하는 데 있었다. 즉 신성한 혈통을 가진 왕조가 성립되면 그 초기에 반드시 신성한 문자체계를 갖춘다는 역사 속의 사례들을 실천한 것이다. 그의 선행 모델로는 황제 헌원이 있다. 황제 헌원은 새로이 나라를 세우고 나서 창힐에게 명령하여 새로운 문자를 만들어 바치게 하였고, 창힐이 새의 발자국을 본뜬 문자를 만들어 바치자 이를 백성들에게 반포하였다.

최만리를 비롯한 집현전 학자들이 훈민정음의 반포를 적극 만류하고 나선 것은 조선의 국시인 사대주의에 어긋난다는 것이 주된 취지였다. 허나 이들은 세종대왕에 의해 옥에 갇히게 되었다. 왜냐하면 훈민정음의 반포는 사대주의는 형식일 뿐 조선은 조선의 왕에 의해 완벽하게 통치되어야 함을 은연중에 나타낸 것이기 때문이다. 즉 조선의 왕이 비록 천자(天子)는 아니지만, 천손(天孫)들의 왕으로서 천자에 의해 좌우지되는 일반 제후와는 다름을 드러낸 것이다.

조선은 명분 없는 위화도 회군과 뒤이은 역성혁명으로 고려를 뒤집어 탄생한 나라이다. 당시 고려인들의 눈에는 말이 위화도 회군이지 사실상 적전도주(敵前逃走)라 보아야 할 정황이고, 그 뒤를 이은 고려왕들과 양반들의 수난 및 고려의 멸망과 고려 왕씨들의 멸족, 두 번에 걸친 왕자의 난 등으로 신생 왕조의 정통성은 당시 대다수의 선비들과 일반 백성들에게 인정을 받지 못하고 있었다. 세조반정 이후에도 일부 선비들의 행동에 이런 흐름이 반영되고 있었다고 한다. 조선왕조의 정통성은 건국 후 거의 100년이 지난 조선조 9대 왕인 성종 때에 이르러서야 대다수의 양반과 백성들에게 각인되었다.

세종대왕은 원래는 천자의 나라만이 할 수 있는 독자적인 역법 (曆法)과 아악(雅樂)을 정립하는 등 단순한 제후국을 뛰어넘어 역사적 정통성을 가진 왕조를 이룩하기 위해 엄청난 노력을 했다. 토지개혁과 농업혁명에 성공하고 동시에 과학기술의 증대에 힘써서 뛰어난 화약무기를 만드는 등의 부강함이 이런 활동을 뒷받침했다.

세종의 선왕인 태종 때에는 여진족과 명나라로부터 모진 수모들을 당했으나 세종 때는 이에서 벗어났다. 조선의 태조 이성계는 명나라를 안심시키기 위해서였는지 사대주의를 표방하며 조선군의 숫자를 3만 8천 명 수준으로 하였다. 그 후로 조선의 내부적 혼란으로 군사력이 매우 약화되어 태종 초기에는 단지 2만 명의 여진족이 쳐들어오는 것도 제대로 막아내지 못하여 평안도 일대가 대혼란에 빠지기도 했다.

하지만 세종 때에는 화약무기를 잘 갖춘 정규군 3만 6천 명 외에 유사시 정규군으로 뽑을 수 있는 정규병력 자원 10만 명과 이들을 보조할 수 있는 봉족 20만 명, 도합 30만 명의 추가 병력을 확보하게 되어 자주성을 확고하게 지켰던 고려시대 초중기의 병력에 필적하게 되었다. 이를 바탕으로 여진 정벌과 대마도 정벌을 단행하여 나라의 외곽을 안정화시키고 내치에 힘써 이제는 감히 명나라가 함부로 무시하지 못할 국력을 가졌음을 나타낸 것이 바로 훈민정음 반포이다.

52

고려의 마지막 공주와
세종의 셋째 딸 이야기

훈민정음 창제에 얽힌 야화들 중에서 세종대왕의 셋째 딸이 한글을 창제했다는 이야기는 매우 의미심장한 내용을 담고 있다.

구전에 의하면, 훈민정음 창제를 위해 세종대왕이 집현전 학자들과 오랫동안 고심을 거듭하였는데 그 뼈대를 제대로 확립하지 못하고 있었다고 한다. 이때 세종대왕의 셋째 딸이 자신이 데리고 있던 늙은 노비에게서 한글에 대한 묘용을 배워서 이를 아버지에게 고함으로써 훈민정음이 완성되었다는 것이다. 이 늙은 노비에 대하여 전하는 바는 단지 그가 고려 때에는 아주 지체가 높은 사람이었다는 것뿐이다.

고려가 망한 다음에 고려 왕씨들 중 살아남은 이들은 모두 조선 왕실의 종친들이 직접 부리는 종이 되었다고 한다. 세종대왕의 셋째 딸에게 노비로 주어진 이 여인은 고려 때에는 지체가 높고 고귀한 신분인 공주였을 것이다. 왕조가 바뀌면서 공주의 신분에서 노비로 전락한 이 나이 많은 고려 여인의 처지를 측은하게 여긴 공주가 나름대로 잘 보살펴주고 대접을 해준 덕분에, 노비는 마음을 열고 고려황실에서 전하던 한글의 묘용을 공주에게 알려주었고 공주는 이를 세종대왕에게 고하여 훈민정음의 창제가 가능했다는 것이다.

세종대왕의 셋째 딸이 한글을 창제했다고 전해지는 것은 이 일이 그만큼 훈민정음 창제에 결정적인 역할을 했기 때문일 것이다. 하지만 사실은 한때 고려의 공주이던 이가 그 맥을 되살리기 위해 노력한 덕분인데, 조선의 풍습은 노비를 사람으로 여기지 않았기 때문에 그 공이 모두 공주에게 돌아간 것이다.

그러면 이 공주의 집에 있던 이 노비가 누구였는지를 짚어볼 필요가 있다. 고려 우왕(禑王) 10년에 위화도 회군이 일어났으니 이때가 1388년이다. 고려 우왕이 20세였다고 하고 아들이 있어 뒤를 이어 창왕(昌王)이 되었다. 창왕은 당시 2세에 불과하였다고 한다. 우왕과 창왕은 신돈의 핏줄이라는 누명을 쓰고 참살을 당하였으니 그 자손들 또한 모두 죽임을 당하였을 것이다. 그리고 마지막으로 이성계 일파에 의해 억지로 고려왕으로 등극한 이가 공양왕(恭讓王)이다. 공양왕에게는 네 명의 왕자가 있었다고 하니 동시에 공주도 몇 명 있었을 것으로 추정된다.

1392년에 고려가 망하고 1446년에 훈민정음이 반포되었다. 세종대왕 당시에 아주 나이가 많다고 하면 거의 70세에 이른 나이를 의미한다. 고려가 망할 때 16세였으면 훈민정음이 반포될 즈음엔 70세가 된다.

이러한 맥락에서 보면 고려의 마지막 왕인 공양왕의 공주들 중에서 영민한 이가 있어 약 16세가 될 때까지 고려황실의 한글을 배워서 알고 있다가, 고려왕조가 망한 후 우여곡절 끝에 목숨은 건졌으나 노비의 신분으로 전락하여 여기저기를 옮겨 다니다가 세종대왕 셋째 딸의 집에 보내져 어떤 계기로 공주에게 그 맥을 전했다고 추정해볼 수 있다. 이러한 연유로 최만리 등의 일부 집현전 학자들이 더욱 천한 것이라 여기며 훈민정음의 창제와 반포를 반대하는 상소를 올렸을 것이다.

노비가 된 고려 왕손에 대한 또 다른 이야기도 있다. 태종이 아직 왕자로 있을 때 그 집에 어린 나이에 노비가 된 고려 왕손이 있었다고 한다. 이 노비는 키가 작고 눈이 컸는데 활을 아주 잘 쏘았다고 한다. 그는 이방원에게 충성을 다 바치기로 맹세를 하여 이방원의 심복이 되었는데 항상 우울하게 지내고 말수가 아주 적었다고 한다.

이 노비는 이방원이 일으킨 1차 왕자의 난에서 수십 명의 적장들을 모두 활로 쏘아 죽여서 이방원의 사병들이 승기를 잡는 데 큰 공을 세웠다고 한다. 뒤이어 일어난 이방원의 형인 방간이 일으킨 2차 왕자의 난에서도 적편의 장수 수십 명을 모두 활로 쏘아죽여 혁혁한 공을 세웠다고 한다.

대권을 잡은 이방원은 고심 끝에 자신이 왕으로 등극하기 전에 고려왕손 노비를 풀어주기로 작정하였다. 노비문서를 불태우고 약간의 재물을 건네주며 다시는 자신의 눈과 조선 관헌들의 눈에 띄지 않도록 당부하였다. 이방원이 불리한 여건들을 극복하고 왕위에 오를 수 있었던 것은 이렇게 자신을 위해 공을 세운 자에게는 비록 노비라 할지라도 반드시 보상을 했기 때문이라고 전해진다.

53

최만리의 상소문으로 본
조선 초 사대주의자들의 시각

세종 26년 갑자 2월 20일, 집현전 부제학 최만리 등 집현전 학사 14명이 연명하여 상소를 올렸다. 이 상소문에 언문에 대한 이야기가 실려 있다.

이들의 상소문을 번역해보면, 언문 제작한 것을 살펴보니 대단히 신묘하고 지혜가 매우 깊다는 말로 서두를 시작하여 세종의 지혜로움을 일차적으로 칭송하고 있다. 하지만 언문의 자형이 옛날 문자와 유사하다고 해도 소리로써 글자를 합하는 것은 모두 옛것에 어긋나는 것이며 실로 근거가 없는 일이라 비난하였다.

이는 훈민정음이 세종 개인의 지혜로 창작된 것이고 예로부터 전해지는 것들을 완전히 개조하여 새로운 형태로 정리하였음을 드러내는 것이다. 이들은 우리나라가 기자(箕子)의 유풍을 가지고 있고 중국과 문물제도를 겨룰 만하다고 하면서도, 중국이 쓰는 한문을 따르지 않고 새로이 언문을 만들어(즉 고려 언문을 완전히 개조하여) 사용하려 하는 것은 문명의 큰 해가 될 것이라 강변하였다.

만일에 언문이 통용되어 관리가 된 자들이 언문으로만 모든 일을 하게 된다면, 뒷사람들이 27자 언문만으로도 이 세상에서 입신하는 데 족하다 생각할 것이고 이로써 수십 년 뒤에는 한자를 아는 사람이 반드시 적어질 것이라는 점을 지적하였다. (그들이 세종이 28자로 훈민정음의 자모를 만들었다는 사실을 잘 몰랐던 것인지 아니면, 그 이전 고려 한글에서는 27자를 자모로 썼다는 것인지, 또는 꼭지점을 자모로 치지를 않은 것인지는 알 수가 없다.)

또한 그들은 전조(고려조) 이전부터 언문이 있었다고 하나 이는 좋지 않은 습관이라고 치부하였다. 즉 한문을 배우는 것만이 진정한 학문이고 이를 통해야만 사리의 시비를 제대로 가리고 교화될 수 있다는 생각을 굳게 가지고 있었다.

이들은 한자를 음으로 따서 그대로 쓰는 이두문은 한자를 의지하여야 뜻을 전달할 수 있기 때문에 한자 공부를 돕게 되니 학문 진흥에 도움이 되고 폐단이 적지만 유식자들이 아직도 이를 천한 것으로 치고 있다는 점을 강조하였다. 이들은 조선이 건국되면서 사대를 하기로 하였으니, 여기에서 벗어나서는 아니 되고 지성껏 중국(명나라)의 문화와 제도를 지켜야 한다는 것을 누누이 강조하였다.

즉 이들은 당나라의 제도와 문물을 적극적으로 받아들여 환골탈태하듯이 수용한 신라가 당나라의 도움으로 삼국을 통일하였고, 그 지배층이 한자를 그대로 사용해서 문화가 발전하였고, 이 신라의 맥을 이어 조선이 건국된 것으로 이해하고 있음을 알 수 있다. 당나라에 대한 사대를 통하여 고구려와 백제를 무너뜨리고 당나라의 그늘 밑에 들어갔지만 나름대로의 독자성을 유지했던 신라의 맥을 지키는 선에서 조선의 정체성을 이해하고 있었던 것이다.

이들은 문자는 한자로 충분하고, 한자를 잘 이해하지 못하는 계층들을 위해서는 설총이 정리했던 이두문 정도면 족한데 무엇하러 고유한 언문을 다시 손질하여 나라의 독자성을 강조할 필요가 있느냐 하는 생각이었다. 그 전거로 이들은 고유한 문자를 가졌었으나 망해버린 서하, 몽고, 여진, 서번 그리고 문화가 뒤처졌던 일본을 들어 새로이 만든 언문, 즉 세종에 의해 창제된 훈민정음을 백성들이 쓰게 되면 중국문화를 섬기는 데 부끄러움이 생길 것이요 문화가 퇴락할 것이 아니냐는 견해를 밝혔다. 이들은 이 신작 언문, 즉 훈민정음이 다만 하나의 신기한 재주일 뿐이며 학문을 위해서도 손해가 되고 정치에 있어서도 이로움이 없으며 아무리 생각해도 그 이로움을 알 수 없다고 하였다.

또한 이들은 세종대왕이 다른 신하들의 의견을 들어보지도 않고 언문 개작, 즉 훈민정음 반포를 강행한 데 아주 큰 불만을 가지고 있었다. 하급관리 십여 명으로 훈민정음을 배우게 하고 한문으로 된 문서를 고쳐서 황당한 언문을 붙이고 공장 수십 인을 모아서 이를 새겨 급히 세상에 공표하려 한다고 비난하였다.

이들은 훈민정음의 자모 숫자가 28자인지 27자인지도 제대로 알아보지 않았고, 훈민정음 창제의 기본인 사성(四聲)과 칠음(七音) 등도 전혀 이해하지 못했다. 그저 재상과 하급관리 및 백성들의 의견을 오래도록 시간을 두고 수렴하지 않았다는 불만, 즉 정도전(鄭道傳)에 의해 주창된 조선 통치의 기틀인 신권(臣權) 존중이 무시된 데 대한 불만만 가지고 상소문을 올린 셈이었다. 이는 학왕(學王)으로서 국민에 대한 신성한 왕의 교화, 즉 왕화(王化)를 펴려 한 왕권(王權)에 대한 도전으로 간주되었기 때문에 세종은 이들을 옥에 가뒀던 것이다.

54

보우대사의 업적과
훈민정음 한글 전승의 보루

조선을 창업한 이성계는 불교의 무학대사(無學大師)에게 심정적으로 의존히는 바가 컸고 세종대왕은 신하들의 극심한 반대에도 불구하고 궁중에 내원사(內院寺)라는 불교의 법당을 세웠으며 세조도 불가에 깊이 귀의하였다. 이러한 연고로 훈민정음 창제 직후부터 많은 불경들이 훈민정음으로 번역 간행되었다. 불교가 훈민정음 한글 전승에 있어서 매우 중요한 역할을 하게 된 것이다.

비록 조선이 억불숭유라 하여 불교를 핍박하였으나 일반 백성과 궁중 및 사대부의 여자들은 주로 불교에 깊이 의존하고 있었기 때문에 이들을 왕화로 감화시키기 위해서는 그들이 읽는 불경을 쉽게 읽을 수 있도록 훈민정음으로 번역하여 배포하는 것은 매우 효과적인 방법이었다. 따라서 불교의 홍망성쇠는 사대부 양반들이 백안시하는 훈민정음의 존속과 지속적인 사용에 있어서 매우 중요한 요소였다.

연산군의 폐위로 왕이 된 중종의 후비 문정왕후(文定王后)는 명종의 생모로서 10년 수렴청정(垂簾聽政)을 통해 대권을 잡고 억불숭유의 국시에 어긋나게 보우화상(普雨和尙)을 우대하며 불교를 중흥시키고자 하였다. 그리하여 승과(僧科)를 부활시키고 불교를 융성시키니 승려 된 자가 20만 8천에 이르렀다고 한다.

이때 승과에 합격하여 발탁된 이들이 후일 승병을 이끌고 임진왜란에서 조선을 구한 서산대사와 사명대사 등이다. 수렴청정을 하던 문정왕후로부터 절대적인 신임을 받던 보우는 청탁으로 가져온 무수한 뇌물들을 사양하지 않고 모두 받았다고 한다. 그는 이렇게 생긴 재물을 모조리 불사를 일으키는 데 썼다고 한다. 큰 사찰들을 보수하고 각 사찰에는 수많은 암자를 지은 것이다. 이때 각처의 선비들이 상소를 빗발치듯이 올렸지만 보우는 아랑곳하지 않고 한 채라도 더 많은 암자를 짓는 일에 매진하였다고 한다.

문정왕후가 죽자 보우는 제주도로 유배되었고, 한양에 있던 대신들의 밀명을 받은 제주 목사에 의해 무수히 곤장을 맞고 죽임을 당하였다. 하지만 결과적으로 그가 남긴 수많은 사찰과 암자들은 임진왜란 때 10만 명에 가까운 승병들의 근거지요, 왜적의 칼날을 피하려는 백성들이 숨어서 목숨을 연명할 수 있는 근거지가 되었다.

대도 임꺽정이 수년간 왕권을 능멸하며 도성에 인접한 황해도와 경기도 일대에 거대한 세력을 형성할 정도로 조선 왕조는 기강이 무너졌고, 머지않아 왕조의 존립을 위협하는 커다란 외침을 당할 것으로 보우대사는 예견하였다. 그리하여 조선 불교를 진흥시킨 문정왕후에 대한 보은으로 호국불교를 되살리려 한 것이다.

위화도 회군 이후의 억불숭유(抑佛崇儒) 정책으로 불교는 탄압받기 시작했고, 심지어 태종 때까지는 '작당패의 소굴'이라는 이유로 대규모 군사를 이끌고 여러 큰 사찰들을 공격하여 파괴와 살육을 자행하기도 하였다. 이렇게 호국불교를 지탱하던 물질적 기반들이 크게 손상된 상태였기에 보우대사는 이를 복구하는 데 온 힘을 기울였던 것이다.

예로부터 오래된 사찰에 전하는 구전에 의하면 신라와 고려 때에는 각처의 큰 사찰, 즉 대찰(大刹)들이 산중 길로 250리 상거(相距)에 위치하는 망 조직을 구성하고 있었다고 한다. 옛날 산중에서 오래 수련하던 승려들 중에는 발이 빠른 사람들이 많았다고 한다. 구두전 갈이나 편지를 가진 발 빠른 승려는 아침에 일찍 해가 뜨자마자 출발하면 산길 250리를 주파하여 저녁에 해지기 전에 목적지에 도착하여 목적지 대찰의 주지스님께 가지고 온 서찰을 전해 드렸다고 한다. 그리하여 나라의 큰 변고가 생겼을 때에는 모든 주요사찰에 사흘 이내에 통기기 되는 비상 연락망이 가동되었다는 것이다.

백제와 고구려가 망하자 신라까지 멸망시키라는 당나라 황제의 밀지를 받고 그 방책을 모색하던 소정방(蘇定方)은 신라의 형편을 소상하게 조사하다가 이런 사실을 알고는 당나라 황제에게 신라가 비록 작은 나라이나 가벼이 볼 수 없으니 정벌은 불가능하다는 서찰을 올렸다고 한다.

보우대사는 호국불교의 기틀을 재구성하기 위하여 수많은 사찰을 중창하고 무수한 암자를 건립했다. 예를 들면 속리산 법주사에는 조선이 망하기 전까지 72개가 넘는 암자가 있었다고 한다. 아마 임진왜란 전에는 더 많은 암자가 있었을 것이다. 하지만 일제가 수많은 암자를 허물어 버려서 지금 남은 것은 10여 개에 불과하다.

일제가 속리산 암자를 허물어버린 데는 역사적인 이유가 있다. 속리산 법주사에서 거병한 승병들이 수천 명의 정규 왜군들이 지키고 있던 청주성을 탈환한 바 있기 때문이다. 당시 1,500여 명의 승병들은 변변한 무기가 없어서 모두 큰 낫을 들고 전투에 임하였다고 한다. 이들은 죽음을 두려워하지 아니하고 군호에 맞추어 마치 한 사람이 움직이는 것처럼 일사불란하게 낫을 휘둘렀고, 그 모습을 본 왜병들이 놀라서 싸울 기력을 잃고 다투어서 도망쳤다고 한다. 이 승병들은 속리산의 수많은 암자들에 숨어 청주성 탈환을 위한 준비를 했을 것이다.

보우대사가 부활한 승과를 통하여 발탁된 서산대사(西山大師)와 사명대사(四溟大師)는 임진왜란으로 망해가던 조선을 건져 올리는 데 혁혁한 공로를 세웠다. 묘향산에서 거병한 서산대사는 1,500명의 승군을 거느리고 평양성 탈환 전투의 선봉에 섰고, 금강산에서 거병한 서산대사의 제자 사명대사는 1,500여 명의 승군을 이끌고 한양탈환 전투의 선봉에 서서 수많은 공을 세웠다.

서산대사의 제자로서 계룡산에 주석하고 있던 영규대사(靈圭大師)는 1만 5천 명에 가까운 왜군이 전라도로 진격하기 위해 금산을 통과하려 하자 500명의 승군을 거느리고 조헌(趙憲)이 이끄는 200명에 불과한 의병과 합세하여 도합 700명의 인원으로 늠름하게 전투에 임하였다. 치열한 단병접전(短兵接戰)을 벌였던 금산전투에서 왜병은 약 5천 명이 전사하는 너무도 큰 인명손실을 입어서 호남으로의 진격을 포기하였다. 당시 전투에서 영규대사는 육중한 석환장(錫環杖)을 휘둘러서 혼자서 수백 명의 왜적을 타살하고 본인은 기력이 모두 소진되어 조용히 숨을 거두었다고 한다.

이로써 곡창지대인 호남이 왜적의 수중에 떨어지는 것을 막게 되어 수많은 살육과 파괴를 피하고 조선이 왜군을 몰아낼 수 있는 기반을 유지할 수 있었다. 남도 지역의 승병들은 정유재란 때 이순신의 조선수군 재건과 왜적들과의 전투에서 혁혁한 공로를 이룩하였다.

임진왜란 이후에는 전국의 사찰과 암자가 조선 백성들을 구휼하고 전쟁으로 창궐한 각종 질병을 치료하는 장소로 변모하여 조선을 멸망의 구렁텅이에서 구출하였다. 이러한 공적의 대부분이 보우대사의 살신성인에 의한 것임을 아는 자가 극히 적음이 유감이다.

문정왕후가 위세를 떨칠 때에는 나라에서 매년 사용하는 황금의 절반을 회암사(檜巖寺)에서 금색 탱화를 그리는 데 사용토록 하여 회암사에는 금빛 찬란한 탱화가 1만여 점이 넘게 있었다고 한다. 당시의 양반들이 여기에 크게 반발하였으니, 문정왕후 사후에 크게 작당을 하여 왕실의 원찰을 공격하여 모조리 파괴한 뒤에 흔적도 없이 불태워버리고 말았다. 이때 회암사에 봉헌되어 있던 상고한글 자료들도 같이 소실되었을 것으로 추정된다. 조선왕실의 권위에 대한 상당한 위해가 가해진 셈인데, 조선왕조실록에 이에 대한 내용이 전혀 기록되어 있지 않은 점도 큰 수수께끼이다.

하여간 보우대사의 덕분으로 그나마 많은 승려들이 수많은 사찰과 암자에서 정진하면서 다른 한편으로는 고유의 전통학문을 승계하고 훈민정음을 써서 많은 서책들을 필사 또는 간행하였다. 그리하여 한글과 관련된 아주 오래된 자료들이 일부 전승될 수 있었다.

55

훈민정음 해례본의 새로운 자모 해석법과 선도 전승의 비교 평가

훈민정음의 자모는 당시 명나라를 중심으로 성행하던 음양오행 이론에 따라 소리로써 재해석되었는데, 그 발성 모양을 본떠서 만든 것으로 되어 있다.

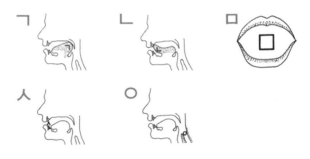

발성 모양에 따른 한글 자음

처음 소리인 초성은 17자이고, 가운데 소리인 중성은 11자이다. 마지막 소리인 종성은 다시 초성을 쓴다. 그리하여 총 28자를 유지하였다.

초성에는 일어나 움직이는 뜻이 있으니 이는 하늘이 하는 일이며, 종성에는 멎어 정하게 하는 뜻이 있으니 이는 땅이 하는 일이다. 중성은 초성의 생김을 이어 종성의 이룸에 잇대어주니 사람이 하는 일이다. 초성이 되기도 하고 종성이 되기도 하는 것은 역시 만물이 땅에서 처음 나서 다시 땅으로 돌아가는 이치와 같다고 되어 있다. 하지만 이는 하늘에서 땅이 나왔다가 다시 하늘로 귀의하는 것으로 재해석하는 것이 옳다.

하여간 이러한 초, 중, 종성으로써 글자를 이루게 한 것은 다른 문자체계에서는 보기 드문 매우 독특한 방식이다. 또한 이는 고유한 삼태극의 원리를 무의식적으로 차용한 것이라고도 볼 수 있다. 삼태극의 한 쪽씩을 초성, 중성, 종성으로 치부하여 회전하게 하면 이 또한 삼라만상(森羅萬象)을 감싸는 변화를 나타낼 수 있는 것이다. 물론 이는 훈민정음 해례본에서 천지자연의 원리는 음양오행뿐이라고 강변한 것과는 다른 견해이다.

사람의 소리는 음양의 이치가 있다고 하였고, 그리하여 초성에는 스스로 음양오행 방위의 수가 있다고 하였다. 또한 사람이 소리를 내는 것은 오행에 근본이 있다고 보고 이를 사계절과 오음(五音, 궁상각치우)에 대비하여 비교하였다. 발음 기관의 가장 안쪽인 목구멍에서부터 바깥쪽으로 순서대로 설명하면 다음과 같다.

목구멍은 깊은 곳에 있고 젖어 있으니 오행(五行)으로 보아 물(水)로 분류하였다. 여기에서 나는 소리는 목구멍의 형상을 본떠서 'ㅇ'으로 하였다. 사계절로는 겨울에 속하고 오음으로는 우(羽) 음으로 분류하였다.

어금니는 어긋나고 길어서 오행의 나무(木)로 분류하였다. 여기에서 나는 소리는 혀뿌리가 목구멍을 막는 모양을 본떠서 'ㄱ'으로 하였다. 사계절로는 봄에 속하고 오음으로는 각(角) 음으로 분류하였다.

혀는 날카롭게 움직여서 오행의 불(火)에 해당한다. 사계절로는 여름에 속하고 오음으로는 치(徵) 음으로 분류하였다. 혓소리는 혀가 윗잇몸에 붙는 모습을 본떠서 'ㄴ'으로 하였다.

이는 단단하고 무엇을 끊으니 오행의 쇠(金)에 해당한다. 사계절로는 가을에 속하고 오음으로는 상(商) 음으로 분류하였다. 잇소리는 이빨 모양을 본떠서 'ㅅ'으로 하였다.

입술은 모나지만 합해지므로 오행의 토(土)에 해당한다. 사계절로는 늦여름에 속하고 오음으로는 궁(宮) 음으로 분류하였다. 입술소리는 입 모양을 본떠서 'ㅁ'으로 하였다.

목구멍은 뒤에 있고 어금니는 그다음이므로 목구멍 소리는 북쪽, 어금니 소리는 동쪽이다. 혀와 이가 그다음이므로 혓소리는 남쪽, 잇소리는 서쪽이다. 입술은 맨 끝에 있으니 흙은 일정한 방위 없이 북동남서에 붙어서 사계절을 왕성히 하는 역할을 한다고 파악하였다.

이 다섯 가지의 기본 자음에서 획을 더하여 꼭지 이응(ㆁ), 반설음 'ㄹ'과 반치음 세모(ㅿ)를 제외한 아홉 자를 만들었다. 즉 'ㄱ'에서 'ㅋ'으로, 'ㄴ'에서 'ㄷ'으로, 'ㄷ'에서 'ㅌ'으로, 'ㅁ'에서 'ㅂ'으로, 'ㅅ'에서 'ㅈ', 'ㅈ'에서 'ㅊ'으로, 'ㅇ'에서 'ㆆ'(작대기 이응)으로, 'ㆆ'에서 'ㅎ'으로 획을 첨가하는 방식으로 여덟 자를 추가하였는데 'ㅍ'은 빠져 있다. 하지만 꼭지 이응(ㆁ)이 된 것은 다르다고 하였다. 그리고 반설음의 'ㄹ'과 반치음 세모(ㅿ) 역시 혀와 이의 모양을 본떠서 그 모양을 달리 했지만 획을 더한 의미는 없다고 하였다.

이로 볼 때 세종대왕은 전래되는 자음 17자를 당시의 음양오행의 이론과 방위로써 재정립하고자 했음을 알 수 있다. 그리하여 자신의 슬기로써 마련하였다고 설명한 것이다. 즉 자신이 발성의 원리로써 이를 풀이했다는 뜻이다.

세종대왕은 내는 소리를 전청(全淸) 6자(ㄱ, ㄷ, ㅂ, ㅈ, ㅅ, ㆆ), 차청(次淸) 5자(ㅋ, ㅌ, ㅍ, ㅊ, ㅎ), 전탁(全濁) 6자(ㄲ, ㄸ, ㅃ, ㅉ, ㅆ, ㆅ), 불청불탁(不淸不濁) 6자(ㅇ, ㄴ, ㅁ, ㆁ, ㄹ, ㅿ)의 네 가지로 분류하였다. 여기에서 그는 'ㄴ', 'ㅁ', 'ㆁ'은 그 소리가 가장 거세지 않은 까닭에 모양을 본떠서 글자를 만든 기본으로 삼았다고 하였다. 'ㅅ'은 'ㅈ'에 비하여 소리가 거세지 않은 까닭으로 글자 만드는 기본으로 삼았다고 하였다.

꼭지 이응(ㆁ)을 목구멍을 본떠서 만들었으나 어금니 소리의 글자를 만드는 기본으로 삼지 않은 것은 목구멍이 물(水)에 속하여 어금니가 나무(木)의 속성을 가지는 것과 일치하지 않기 때문이었다. 'ㄱ'은 나무의 성질이고 'ㅋ'은 나무가 성장한 것이고 'ㄲ'은 나무가 나이 들어 씩씩하게 된 것이라고 풀이하였다.

"이것들은 모두 어금니에서 모양을 취한 것이다"라고 하였는데 이 부분에는 약간의 모순이 있다. 즉 어금니 소리의 분류가 전청, 차청, 전탁, 불청불탁의 네 가지 체계 속에 제대로 배속되지 않는 것을 알 수 있다. 특이한 것은 전탁에 속한 여섯 개의 글자 중에 지금은 쓰지 않는 쌍 히읗(ㆅ)이 있다는 점이다.

중성, 즉 모음은 11자인데 점(ㆍ)은 혀가 오그라져 소리가 깊으니 하늘이 자시(子時)에 열린 것과 같이 맨 먼저 둥근 모양이 만들어졌다. 둥근 모양은 하늘을 본떴다. 'ㅡ'는 혀가 조금 오그라져 소리가 깊지도 얕지도 않으니 땅이 축시(丑時)에 열린 것처럼 두 번째로 만들어졌다. 평평한 모양은 땅을 본떴다. 'ㅣ'는 혀가 오그라지지 않아 소리가 얕으니, 사람이 인시(寅時)에 생겨난 것처럼 세 번째로 생겼다. 일어선 모양을 한 것은 사람을 본떴다.

그리하여 이 세 글자로서 천지인, 즉 하늘과 땅과 사람의 모양을 취하여 삼재(三才)의 이치를 갖추었다. 그러나 삼재가 만물의 앞이라 하더라도 하늘이 또한 삼재의 시작이니 'ㆍ', 'ㅡ', 'ㅣ'의 석 자가 다른 여덟 소리의 머리가 되며 다시 점이 석 자의 으뜸이 되었다고 풀이하였다.

여덟 소리는 각기 양성모음 4자, 음성모음 4자로 분류하였다. 'ㅗ', 'ㅏ', 'ㅛ', 'ㅑ'는 양성모음인데 둥근 것이 위나 밖에 있는 것은 그것이 하늘에서 생겨나 양이 되기 때문이라 풀이하였다. 'ㅜ', 'ㅓ', 'ㅠ', 'ㅕ'는 음성모음인데 둥근 것이 아래나 안에 있는 것은 그것이 땅에서 생겨나 음이 되기 때문이라 풀이하였다.

하도(河圖) 등의 뜻을 풀이하는 선도의 가르침에서는 음(陰)이 먼저 일어나고 그에 따라 양(陽)이 생긴다고 하였는데, 세종대왕은 하늘과 땅을 양과 음으로 단순 대비하였다. 이는 글꼴을 자신의 사고틀에 따라 나름대로 분류한 것이라 하겠다.

하지만 이는 그 자신이 제시한 논리와 배치된다. 즉 'ㅗ', 'ㅏ', 'ㅜ', 'ㅓ'가 둥근 것을 하나로 함은 처음에 생긴 뜻을 나타내고, 'ㅛ', 'ㅑ', 'ㅠ', 'ㅕ'가 둥근 것을 둘로 함은 두 번째로 생긴 뜻을 나타낸다고 한 것과 배치된다. 하지만 이 배치되는 논리는 선도(仙道)의 논리와 동일하다.

점이 여덟 소리에 두루 사용된 것은 양이 음을 거느리며 온갖 사물에 두루 미침과 같다고 하였다. 이는 역시 미진한 점이 많은 논리라 할 수 있다.

'ㅛ', 'ㅑ', 'ㅠ', 'ㅕ'가 모두 사람을 겸함은 사람은 만물의 영장으로 능히 음양에 참여할 수 있기 때문이라고 하였다. 이는 'ㅗ', 'ㅏ', 'ㅜ', 'ㅓ'(원순모음)에 사람의 형상을 나타내는 'ㅣ'를 더하여 'ㅛ', 'ㅑ', 'ㅠ', 'ㅕ'(비원순모음)가 되는데 이는 소리가 'ㅣ'에서 시작되어 발성되는 것으로 성음의 관점에서 풀이한 것이다.

원순모음들을 살펴보면 'ㅗ'는 점과 같으나 입이 오그라지며 그 모양은 점과 'ㅡ'가 어울려 이룸이며, 하늘과 땅이 처음 어우러진다는 뜻을 취하였다. 'ㅏ'는 점과 같으나 입이 펴지며 그 모양은 'ㅣ'와 점이 어울려 이룸이며, 우주의 작용은 사물에서 나지만 사람을 기다려 이루어진다는 뜻을 취하였다. 'ㅜ'는 'ㅡ'와 같으나 입이 오그라지며 그 꼴은 'ㅡ'와 점이 어울려 이룸이며, 역시 하늘과 땅이 처음 어우러진다는 뜻을 취하였다. 'ㅓ'는 'ㅡ'와 같으나 입이 펴지며 그 꼴은 점과 'ㅣ'가 어울려 이룸이며, 역시 천지의 작용은 사물에서 나지만 사람을 기다려 이루어진다는 뜻을 취하였다.

세종대왕은 한문의 소리를 빌어서 우리말의 음을 표현하던 이두를 활용하여 소리의 틀을 초성, 중성, 종성을 합체하여 만드는 것으로 정하였다. 그리고 이 소리를 표현하는 글꼴로서 그 이전에 수천 년을 전해 내려오면서 자생적으로 발전해가던 언문을 다듬어서 채택하였다. 즉 이 언문의 자모를 새로이 창제한 성음의 원리와 음양오행, 삼재(三才)의 이론으로써 새롭게 체계화했다고 할 수 있다.

하지만 조선이 건국되기 훨씬 오래전부터 계룡산 등지에서 전해져 내려오는 오음(五音) 수련법을 살펴보면 '음, 아, 우, 어, 이'를 기본음으로 하여 그 소리 자체를 토성(土聲), 금성(金聲), 목성(木聲), 수성(水聲), 화성(火聲)으로 분류하고 소리를 연속으로 발성하여 오장(五臟)의 기운을 조화롭게 한다. 즉 오행음(五行音)이 따로 있다는 것을 알 수 있다.

또한 〈동의보감〉에서 오장육부(五臟六腑)의 치병을 위한 여섯 가지 소리라고 이야기한 육자결(六字訣)을 살펴보면 금성(金聲)으로서 '스으', 수성(水聲)으로서 '우우', 목성(木聲)으로서 '시이', 화성(火聲)으로서 '호오', 토성(土聲)으로 '후우', 삼초(三焦)를 다스리는 소리로서 '히이'를 채택하고 있다. 여기서 훈민정음에는 하도낙서의 음양오행에서의 상생상극 회전이 빠져 있음을 알 수 있다.

그 옛날 칠현금(七絃琴)이 있었다고 하니 원래는 7음(音) 체계가 있었음을 알 수 있다. 따라서 나중에 체계가 확립된 궁상각치우의 5음으로 성음을 제한한 것은 나름대로 문제를 유발할 소지가 있는 것이다. 이 오음체계로의 단순화는 후대로 내려오면서 운용의 한계를 초래하였다.

그리고 팔괘(八卦)의 묘용(妙用)도 빠져 있다. 이 팔괘의 묘용을 가장 잘 터득하여 크게 활용한 이로는 이순신 장군을 들 수 있다. 〈난중일기(亂中日記)〉에 의하면 갖가지 악조건에도 불구하고 변화무쌍한 해전에서 23전 전승을 한 이순신 장군은 사전에 항상 팔괘를 활용한 괘효(卦爻)를 뽑는 것으로 전투의 시작 여부를 정하는 지표로 삼았다고 한다.

'엄마'라는 소리를 내기 전에 아기가 처음 내는 발성음은 '옴마',

즉 이웅과 점과 미음이다. 이로 미루어볼 때 성음(聲音)의 용(用)과 뜻으로서의 체용(體用)이 완성된 한글을 만드는 작업이 필요하다. 24개의 자모로 간소화되면서 빠져버린 네 개의 자모를 새로운 방법으로 복원하여 원래의 신성문자로서의 잠재력을 복원하여야 할 것이다.

56

훈민정음 반포의 의의와
조선시대 한글 변천에 대한 고찰

만약 세종대왕이 훈민정음을 반포하지 않았다면 당시 유식자들, 관리들의 극심한 반발로 언문은 소멸되고 말았을 것이다. 그가 반포한 새로운 틀에 얹혀서 언문이 그 나름대로 변용은 되었으나 전승에 성공한 것은 세종대왕의 참으로 위대한 업적이다.

명분 없는 계유정란(癸酉靖難)으로 집권한 세조는 자신의 사돈이자 신권세력의 정점이었던 정인지와 한명회를 한때 삭탈관직으로 핍박하면서까지 강력한 왕권을 주창하였고 그 일환으로 훈민정음 보급 확대에 주력하였다. 그는 〈월인석보(月印釋譜)〉, 〈석보상절(釋譜詳節)〉 등 불교경전의 언문번역을 과감히 추진하여 훈민정음의 응용에 치중하였다. 임진왜란 때 대부분의 신하들에게 배척당하던 선조가 백성들에게 다가가기 위해 언문교지를 수시로 내린 점 역시 백성들에 대한 신성한 왕권의 과시용이었다고 볼 수 있다.

하지만 세종 이후 그 어느 왕도 언문의 이론적 해석을 시도하지 않았다. 그에 따라 조선시대 어느 저명한 유학자도 정리나 해석을 시도하지 않았다. 단지 반나절이면 충분히 배워서 아녀자들이나 쓰는 '암클'일 뿐이었다.

하지만 궁녀, 하급관리, 양반 여인들에 이어 일반 백성 남자들이 쓰기 시작하자 더불어 평민 아낙네들도 쓰기 시작하였다. 훈민정음은 쓰기 편하고 배우기 편해서 이두의 대용 역할을 완전히 이룩하니 그 어려운 한문을 몰라도 의사표현에 지장이 전혀 없게 되었다.

선조 때 일어난 임진왜란 초기에 부실한 국방 태세로 인해 왜군이 한양을 향해 파죽지세로 진격해오자 한문에 능한 양반 관리들은 대부분 직무를 버리고 도망쳤다. 선조는 이때 일부 대신들의 조언을 받아들여서 백성을 효유(曉諭)하고 전란을 극복하기 위해 여러 가지 정보들을 훈민정음으로 작성하여 백성들에게 유포시킴으로써 적극적인 조력을 얻을 수 있도록 하였다.

세종대왕이 훈민정음을 반포하지 않았으면 백성들이 어찌 사태를 파악하여 의병에 가담하고, 군량미를 비롯한 각종 물산을 공급하여 국난을 극복하는 데 동참할 수 있었겠는가.

비록 기득권을 지키기 위한 양반들의 탄압으로 사라지기는 하였지만, 임진왜란 이듬해에는 기생들도 전포를 떨쳐입고 말을 타며 활을 쏘며 자주자강(自主自强)하는 풍습을 재현하고자 하는 시도가 있었다 한다. 이로써 백성들이 성리학은 공허한 것이고 유학은 고루한 것임을 자각하여, 수많은 민란이 일어나는 동기가 되었다. 또한 홍경래의 난과 동학혁명을 일으킨 원동력으로 이어졌다.

신분타파와 지역출신 차별 철폐를 외치고 궐기한 홍경래의 난은 운세가 기울어서 패퇴하였지만, 정주성(定州城)에서 70일을 농성하는 동안 그들은 성내에서 신분이 철폐된 세상을 이루었다. 또한 1차

동학혁명 후 전라도 지역에 설치된 집강소(執綱所)의 운영 등은 백성들의 성숙된 정치의식을 보여주는 것이니 이는 훈민정음에 의해 손쉬워진 교육의 덕분이라 할 수 있다.

다만 백성들이 생각과 말을 쉽게 표현하려다 보니 28자에 의한 체계보다는 필기하기에 더 쉬운 방향으로 정리가 되어 점차 네 글자가 사라지고 24글자만이 주로 사용되게 되었다.

조선조 말에는 훈민정음의 사용이 고루한 한학자들이 아무리 유세를 떨어도 거스를 수 없는 도도한 강물이 되었다. 마침내 주시경 선생에 이르러 정리가 시도되었고 일제 강점기에도 각성한 한글학자들과 많은 지식인들의 노력으로 없어지지 아니하고 그 틀이 전해져 내려왔다.

그리하여 광복 후에 건국된 새로운 나라의 주체적이고 쓰기 편한 문자체계로 자리 잡았다. 그 결과 문맹 퇴치가 매우 쉬워져서, 전 국민의 대다수가 자유자재로 각종 글들을 읽고 자신의 생각을 글로 써서 발표하니, 다른 나라에서는 유래를 찾을 수 없을 정도의 빠른 속도로 나라가 발전하여 이제는 선진국의 대열에 접어들어 부분적으로는 이미 세계를 선도할 역량을 가지게 되었고, 앞으로 더욱 발전해 나갈 토대를 다지게 되었다.

57

한글 소멸의 심대한 위기와 그의 부활

중화민국 초기 1920년대에 일부 학자들이 한자의 폐해를 들어 국민들이 쓰기 쉬운 조선의 한글을 국문으로 채택하자는 의견을 피력하였다. 4만 자가 넘는 한자는 평생을 배워도 다 알 수가 없으니, 많은 국민들이 거의 문맹에 가까운 실정이었다. 따라서 나라의 시책을 정확하게 국민들에게 알린다는 것이 어렵고 국민들 또한 누구나 쉽고 정확하게 자기 의사를 표현하기 어렵다는 것이다. 하지만 이 의견은 어찌 망한 나라의 글자를 채택하여 국문으로 쓰겠는가 하는 대다수의 의견에 밀려서 폐기되고 말았다.

일제는 조선을 합병한 후 조선에서 일본어 교육을 점차적으로 실시했고, 1938년 이후엔 부분적으로나마 실시하던 조선어 교육마저 폐지하고 일본어의 사용을 강제하였다. 이와 함께 한글로 발간되는 신문과 잡지를 폐간하고, 조선어학회 사건을 조작하여 간부들을 모조리 잡아들여 고문을 통해 그들을 탄압함으로써 한글 말살을 획책하였다.

게다가 태평양 전쟁이 막바지에 이르러 일본 본토에 대한 공습이 심각해지자 미군에 대한 결사항전을 주장하며 동경에 있는 일본의 수도를 조선의 공주 근처로 옮기고자 하였다. 그러면서 조선 민중의 저항과 봉기를 사전에 차단하기 위하여 조선의 지식인 20만 명을 처단하여 민족문화의 맥을 끊고자 하였다. 광복이 더 늦어졌다면 그 와중에 한글도 마침내 소멸되었을 것이다.

이는 당시 소련이 극동에서는 참전을 하지 않을 것이라는 전제하에 수립된 계획인데, 예상과 달리 소련군이 참전하면서 일본의 모든 항전 계획은 수포로 돌아갔고 원자탄이 일본에 떨어져 무조건 항복을 선언하면서 돌연 광복이 찾아와 한글은 다시 부활하게 되었다.

58

옛 기록을 지키려는 자와 빼앗으려는 자

우리나라의 역사는 신시(神市) 이래 6천 년이 넘는 것으로 알려져 오고 있다. 신시 이래 계속 여러 종류의 문자들이 만들어지고 이로써 기록된 많은 자료들이 있었다. 그러나 수많은 전란과 역사적인 사건 등으로 그 기록들은 대부분 사라졌다.

환웅이 신시를 연 이후로 수많은 가르침들이 다양한 형태의 두루마리로 만들어졌다. 그리고 단군왕검 이래로 또한 수많은 가르침들이 두루마리에 기록되어 전승되었다. 그 귀한 가르침들이 진시황이 중원 6국을 멸망시킨 뒤 귀중한 고서들을 불태워 없애버린 분서갱유(焚書坑儒) 사건으로 사라져버렸다.

그 와중에 뜻있는 옛 삼한(三韓)의 선비들이 귀중한 서책을 지니고 멀리 도피하였다.(《산해경》과 사마천의 〈사기〉에 의하면 옛 삼한은 한반도 밖에 자리를 잡고 있었다.) 덕분에 고구려 초에 벌써 〈유기(留記)〉 100권이 존재할 수 있었다.

당시 고구려엔 좌식자(坐食者), 즉 앉아서 밥을 먹는 자가 3만 명에 이른다 하였다. 들판에 나가서 농사일을 하거나, 양이나 소, 말 등의 가축을 기르거나, 농기구나 병장기 및 생활도구를 만들거나, 상업에 종사하거나, 손수 무기를 들고 주위를 방어하는 등의 일을 하지 않는 관리 및 학자의 숫자가 이미 3만 명에 달했다는 것이다. 일설에 고구려의 주몽이 붕어한 뒤 소열제(昭列帝)라는 황제의 칭호를 올렸다고 전해지는 것처럼, 약 2천 년 전의 고구려는 잘 정비된 국가조직과 뚜렷한 역사의식을 가진 대국이었다.

고구려는 높은 문화와 장구한 역사 유산을 간직한 나라로서 학자와 관리들이 수많은 저술을 남겼다. 약 1,700여 년 전에는 한때 나라의 내분으로 국세가 기울어진 탓에 환도성(丸都城)이 불타는 피해를 당하였으나 다시 국세를 회복하여 일어섰다.

그 상황을 살펴보면, 동천왕(東川王) 때 위나라와 전쟁이 벌어져 유주자사(幽州刺使)였던 위(魏)나라 장수 관구검(毌丘儉)이 군사를 거느리고 고구려를 침공하였다. 초기에 연전연패를 한 관구검은 최후의 계책으로 방형진(方形陳)을 써서 동천왕이 친히 거느리던 1만 5천의 철갑기병대를 유인하여 몰살시킨 뒤에 환도성을 점령하고 병력을 나누어 옥저로 피신한 동천왕을 추격하였다.

동천왕이 옥저에서 군대를 모아 반격에 나서자 관구검은 환도성에 자신의 기공비(紀功碑)를 세우게 하는 한편, 보물들을 탈취하여 도망갈 궁리를 하였다. 또한 환도성의 귀중한 서책들을 모조리 그러모아 양곡을 나르는 커다란 수레 50대에 가득히 싣고, 약탈한 많은 보물들을 실은 수레들과 함께 군대의 삼엄한 호위를 받으며 본국으로 도주하였다. 이로 인하여 진시황이 불태워버렸던 많은 서책들의 내용이 위나라 학자들에 의해 복원되었으니 위나라의 문물이 크게 발전하였다.

그 후 광개토대왕(廣開土大王) 이래 다시 부흥기를 맞은 고구려는 문화와 문물 및 군사력이 따를 자가 없었으므로, 천하의 주인이라 하여 스스로 중국(中國)을 칭하였다. 그리고 수양제의 백만 대군을 격파한 영양왕(嬰陽王) 때 고구려 초기의 역사서 〈유기〉 100권을 이문집으로 하여금 〈신집(新集)〉 5권으로 재편찬하게 하였다. 이는 소수림왕(小獸林王) 때를 전후하여 옛날의 다양한 한글 형태로 되어 있던 서책들이 서서히 한문으로 옮겨 써지기 시작했음을 짐작하게 해준다. 하지만 고려 때까지는 옛날 한글로 된 서책들과 한문으로 된 서책들이 병존하였다고 볼 수 있다.

고구려가 패망할 때 남평양성(南平壤城)이 두 달에 걸쳐 불타면서 수많은 귀중한 서책들이 잿더미로 변했다. 고구려와 자웅을 겨루던 백제에도 수많은 서책들이 있었으나, 위례성(慰禮城)와 사비성(泗沘城)이 불타는 과정에서 대부분이 소실되었다.

고구려가 무너진 뒤에 고구려 유장(流將) 이정기(李正己)가 옛 고조선 땅에서 자립하여 세력을 일으켰다. 비록 당나라 절도사의 칭호는 달고 있었지만 발해와의 제휴를 통하여 60년 가까이 독립을 유지했는데, 당나라를 무너뜨리지 못하고 거꾸로 당나라와 신라의 협공으로 멸망하였다. 이때 당나라에서는 이정기의 후손들이 다스리던 청주(青州)에서 고구려와 백제계 유민을 중심으로 1,700여 명을 처형하였다. 이들이 간직하고 있던 수많은 귀중한 서책들도 이때 모조리 파괴되었다.

고구려의 남평양성이 함락될 때, 영류제(榮留帝)가 수나라 수군을 남평양성 안으로 유인하여 몰살시킬 때 사용한 후 밀봉되어 있던 비밀통로를 통하여 고구려의 재탄생을 위한 젊은 핵심인사 천여 명이 탈출하였다. 이들은 젊고 총기가 있는 학자, 장교 및 조의선인(皂衣仙人)들로 구성되어 있었다. 남평양성을 탈출한 이들은 조의선인들의 향도로 깊은 산중 요새로 숨어 들어가서 후일의 복국을 도모하였으니, 마침내 20년 뒤에는 남평양성을 재탈환하였다고 한다.

고구려가 멸망한 뒤에 고구려의 뒤를 이어 다시 일어선 발해국에서 옛날의 많은 귀중한 서책들을 필사 또는 복원하였으나, 발해가 망한 뒤 발해 부흥운동이 실패하고 거란의 대탄압으로 홀한성(忽汗城)을 위시한 발해 오경(五京)의 큰 도시들이 모두 불타면서 발해가 수백 년에 걸쳐 모은 모든 서책이 불탔다 한다. 이와 동시에 발해 문자의 사용이 금지되었고, 발해인들이 강제로 황폐해진 요동 이서 지역으로 이주당하면서 발해 문화의 맥이 끊어졌다. 하지만 발해가 망하기 직전에 태자 대광현(大光顯)을 위시한 5만 명의 유민들이 고려로 망명하면서 지니고 간 귀중한 서책들은 고려 조정으로 전달되었다.

신라에서는 거의 천 년 가까이 외적의 침입을 피할 수 있었던 터에 왕실 부고에 오래된 귀중한 고서들이 잘 보존되었고, 진흥왕 때 거칠부를 시켜서 국사를 편찬할 정도로 역사의식이 뚜렷하여 많은 기록들을 남겼다. 또한 고구려와 백제의 멸망을 계기로 전리품 및 투항한 자들이 가져다 바친 수많은 서책들도 잘 보관되어왔다.

신라 원성왕(元聖王) 때 북원(北原), 즉 지금의 원주에서 세력을 잡은 양길(良吉)이 스스로의 권위를 세우기 위하여 신라 여러 곳에 그때까지 전해져 내려오던 삼한의 귀중한 고서들을 다수 수집하여 보존하고 있다가 다른 세력에 몰려 패망하면서 그 책들이 모두 불타버렸다 한다. 이 소식을 들은 원성왕은 "조상들을 볼 면목이 없다"고 벽을 치고 통곡을 하며 사흘 동안 식음을 전폐했다고 한다. 신라 왕조에서 옛 기록을 얼마나 중시하였는지를 보여준다.

이러한 투철한 역사의식을 가졌고 그것을 뒷받침하는 옛 기록을 소중히 보존해온 덕에 신라는 천 년 동안 사직을 지켰고, 자신들보다 더욱 강성했던 고구려와 백제를 멸망시켰고, 당나라와 8년간 전쟁을 통해 당군을 철저히 패퇴시킴으로써 독자성을 유지하며 찬란한 문화를 꽃피웠던 것이다.

하지만 신라 말기에 당나라에서 신라에 와서 벼슬을 하던 호종단이란 자가 신라 조상들의 빛나는 업적을 기리기 위해 세운 금석문들을 파괴하는 것을 방치한 탓에 역사의식이 흐려져서 결국 천 년 사직이 무너지고 말았다.

후백제와의 전쟁에서 승리하여 후삼국 통일의 주도권을 잡은 고려에서는 신라의 투항으로 신라왕실 서고의 귀중한 서책과 유물들을 그대로 받을 수 있었다. 또한 후백제의 투항을 받아들였으니 후백제에서 전해지던 서책들도 자연히 고려 조정의 수중으로 들어오게 되었다.

그리고 대륙의 요충지를 재탈환하면서 여기에서 남아 있던 서책들도 거두어들였다. 또한 무역으로 얻어진 막대한 재물로써 귀중한 옛 고서들을 힘닿는 대로 모아들였다. 이는 고려의 태조 왕건이 스스로 황제를 칭하고 독자적인 연호로 천수(天授, 하늘의 뜻을 받아들인다는 뜻)를 사용하였으며, 당시에 가장 강력한 신흥 군사력을 가진 거란이 쩔쩔맬 정도인 40만 대군을 보유했던 무력과 높은 문화적 수준에서 기인한 것이다.

고려는 오래된 책들은 수선을 하고 떨어진 부분은 다시 채워 넣으면서 점차 그 체계를 갖추어갔다. 광종(光宗) 이래로 더욱 체제를 정비하여 수많은 귀중한 서책들을 여러 주요한 서고에서 오래도록 정성을 다하여 보존하였다.

또한 태조 왕건 때부터 고려왕조실록을 작성하였다. 현종(顯宗) 때 거란의 침입으로 개경이 함락되면서 고려왕조실록이 불타는 참변을 겪은 다음에는 더욱 서책들을 보관하는 체계와 장소의 분류가 정교해졌다. 하지만 고려 때에 송(宋)나라에서 고려로 와서 김부식 등의 권신들과 교류하는 동시에 고려 사정을 염탐하는 첩자 노릇을 한 서긍(徐兢)이 조상들이 남긴 금석문을 파괴하도록 방치한 탓에 고려 관리들의 정신이 흐려져서 무신난이 촉발하게 되었다.

무신들이 집권한 고려에서는 역사의식이 다시 제자리를 찾았으니, 몽고군이 쳐들어올 때 귀중한 서책들을 모두 성공적으로 강도(江都, 강화도)로 피신시킬 수 있었다. 이때 고려조정의 대신들이 직접 나서서 장검을 휘두르며 서책의 이동을 독려하였다고 한다. 이는 임진왜란 때 저 살기에 바빠서 모든 것을 내동댕이치고 달아나던 한양의 조정대신들과는 전혀 다른 모습이었다. 고려황제를 위시한 대신과 관리들이 일사불란하게 행동했던 탓에 수많은 귀중한 서책들이 몽고군의 말발굽 아래 잿더미가 되는 일을 피하였다.

이는 몽고가 대륙을 통일한 후 원(元)나라를 세워서 다시금 중원에 문화를 꽃피울 때 참으로 귀중한 자료가 되었다. 원나라 때 고려 책들은 비단으로 만들어졌다는 소문이 나돌 정도로 귀히 여겨졌다. 고려의 책이 중원의 책과 똑같이 종이로 만들어졌다는 사실을 대륙 사람들이 알게 된 것은 명(明)나라 때였다. 명나라 초기에 문물이 많이 회복되고 고려의 책들이 많이 유입된 다음에야 그중 몇 권의 책을 태워서 연기를 맡아보고야 고려 책도 종이로 만들어졌음을 믿었다는 것이다.

고려는 막대한 국력을 기울여서 그때까지 간행되어 구할 수 있었던 모든 불경을 수집하여 세 번에 걸쳐서 엄청난 정성과 막대한 경비가 소요되는 팔만대장경을 간행하였다. 이러한 사실로 미루어볼 때, 학문과 역사를 소중히 했던 고려는 당시에 구할 수 있는 모든 서책을 구하여 보존하고 있었을 것이다. 김부식이 이야기했듯이, 나라 안에 없는 것이 없다고 할 정도로 무역을 통해 막대한 부를 축적했던 고려는 귀한 서책이라면 천금을 아끼지 아니했을 것이다.

금나라, 남송, 서하 등의 강대한 제국들을 모조리 무너뜨리고 대륙을 휩쓴 몽고군은 전투에 이기고 난 후에는 모든 성에 대한 도성(屠城)을 실시하였다. 즉 성 안에 있는 백성들은 물론이고 가축을 비롯하여 움직이는 것들은 모두 몰살시켰다. 또한 모든 서책과 불상들도 파괴해버렸다. 한자를 비롯한 농경인들의 기록문자를 천시하던 몽고군들에게 읽기 어려운 서책들은 단지 불쏘시개에 불과하였다.

대륙에서 몽고군의 도성을 피한 성은 단지 두 개, 개봉성(開封城)과 소주성(蘇州城)뿐이었다. 이로 인해 대륙에 있던 거의 대부분의 서책들이 사라져버렸다. 마치 회교도들이 인도를 휩쓸 때 마지막 보루였던 나란다 사원이 불타면서 찬란했던 고대 인도문화의 정수를 전하던 거의 모든 서책들이 잿더미로 변했던 것과 같다. 그로부터 인도대륙에는 한동안 무지와 가난만이 팽배하게 되었다.

원나라가 마침내 남송을 무너뜨렸을 때에는 남송의 학사가 3,000명밖에 남아 있지를 않았고, 이들도 모두 포로로 잡혀 노예의 신분인 상태였다. 즉 한자를 제대로 읽고 쓸 줄 아는 사람들이 대륙에 단지 3,000명밖에는 없었던 것이다.

수천 년간 지속되어 내려오던 대륙의 문화가 명맥이 끊어질 이 절체절명의 순간, 요나라 출신으로 당시 원나라의 재상을 지내고 있던 야율초재(耶律楚材)가 대칸에게 이 학사들의 구명을 주청하였다. 이들을 노예 신분에서 해방하고 생계를 유지할 수 있도록 벼슬을 내려서 대륙 문화의 명맥이 유지되도록 한 것이다.

반면 반백 년 동안 항전하며 끝까지 독자성을 지킨 고려에는 수만 명의 학자들, 수만 명의 관리들과 문무겸전의 무인들이 존재하고 있었고, 몽고군에게 파괴되지 않은 수많은 고귀한 서책들이 고려황실 서고를 비롯한 각종 서고에 즐비하게 보관되어 있었다. 따라서 고려에서는 그 기나긴 전란 동안에도 학문의 발달이 정체되지 아니하고 더욱 심화되었다.

그러나 이성계에 의한 위화도 회군과 역성혁명으로 조선이 건국되면서, 고려황실과 고려관청 및 조선 건국에 반대하던 고려 대신들과 사찰들이 소장하고 있던 수많은 서책들이 불태워지고 말았다. 고려의 미천한 계급 출신들이 조선 건국의 주체세력이 되어버렸기 때문에 그들에게 자신들의 입지를 굳히는 데 걸림돌이 되는 서책들은 아무리 귀중한 것이라 할지라도 반드시 없애야 할 물건에 불과하였다.

정명악에 의하면 고려 말까지 관청에는 46종의 역사서가 있었다고 하는데, 이때 하나도 남김 없이 불태워졌다고 전한다. 고려 때 김부식이 지은 〈삼국사기〉도 조선 중종 때까지는 그 존재를 모르고 있다가 경주 부윤의 서고에서 우연히 발견되었고, 일연이 지은 〈삼국유사〉는 승려들 사이에서 전해지던 것이 후세에 와서야 세상에 드러나게 되었다.

정도전은 수많은 고려 사료들을 모아다가 단 두 달 만에 26권의

〈고려사(高麗史)〉를 만들었다. 그리고 그 수많은 고려 사료들을 깡그리 불태워버렸다. 한데 〈고려사〉가 너무 고려 때의 일을 깎아내리는 데에 치우친 탓에, 세종 때에 다시 사료들을 구하여 바로 잡으려 하였으나 사료들을 구할 길이 없어서 약간의 수정을 거친 〈고려사절요(高麗史節要)〉를 편찬하는 것으로 마무리를 지었다고 한다.

이성계가 즉위하면서 서운관(書雲觀)의 서책들은 보존하도록 하여 그 당시까지는 서운관에 〈신지(神誌)〉(역대 단군들의 언행과 후세사람들이 경계하여야 할 교훈들을 적은 책)를 위시한 상당수의 책들이 남아 있었다.

왕자의 난으로 왕위에 오른 태종 이방원도 권위를 높이기 위하여 백성들에게 〈삼성비기(三聖秘記)〉(여기에서 말하는 삼성은 환인, 환웅, 단군왕검이다)를 위시한 50여 권의 귀중한 서책들을 바치도록 포고를 하였으나 아무도 바치는 자가 없었다. 그 후 서운관에 보존된 책들 중에 이성계의 위화도 회군에 배치되는 내용들이 있는 것이 불씨가 되어 태종 이방원은 서운관에 있는 모든 책을 불태우도록 명을 내렸다. 이리하여 간신히 역성혁명의 회오리를 피했던 〈신지〉를 위시한 많은 서책들이 또 불태워지게 되었다.

세종 때에 이르러서는 조선 관청과 왕실에 있는 서책들이 너무 빈약하여 옛날의 오랜 역사를 제대로 알 수 없는 지경에 이르렀다. 나라를 운영할 때 고금의 국정운영을 참고하기 위해 많은 서책들이 필요한데, 조선왕조 창업을 위한다는 명목으로 고려황실의 서고와 고려 왕씨들의 소장하고 있던 무수한 서책들, 관청에 보관된 책과 서류들을 무분별하게 태워버린 탓에 조선왕실과 관청에는 남아 있는 책들이 별로 없었다. 그리하여 명나라에서 보존된 책들을 다시 사거나 필사하기 위하여 막대한 자금과 노력을 들이게 되었다. 하지만 조선의 이러한 사정을 알게 된 명나라에서 책의 구입과 필사를 통제하는 바람에 조선 조정에서는 골머리를 앓고 있었다.

그리하여 민가에 있는 오래된 책들을 무조건 거두어들여서 국가에서 필요한 서책들을 추려내기 위한 작업의 일환으로 수서령(收書令)이 발동되었다. 또한 이전 왕조들에 대한 귀중한 책들이 민간에 돌아다니는 것은 조선왕실의 권위를 크게 손상시키는 일이라 여기기도 했다. 특히 훈민정음을 반포한 이후에는 고려한글 및 옛날 한글에 관한 책들은 반드시 거둬들이게 하였다 한다.

하지만 선비와 백성들은 조상들이 남긴 오래되고 소중한 책들을 몽땅 내어놓지 않았다. 책을 뺏기게 될 것을 대비하여 몰래 필사본들을 만들어 대를 이어 보관해갔으니, 세종 때부터 중종 때까지 150년에 걸쳐 여덟 번에 걸친 수서령이 있었고 전국적으로 수많은 관원들이 책을 뒤져 찾는 일에 은밀히 동원되었다. 중종 때에 이르러서야 조정에서는 150년에 걸친 노력으로 어느 정도 옛날 책들이 거두어졌다고 판단했고, 또한 왕실의 권위가 흔들리기 시작하던 때이기도 했으므로 괜한 마찰을 피하기 위해 수서령을 멈추었다.

수서령으로 거두어진 책들은 비밀리에 조선 관헌들에 의해 철저히 검증과 분류가 되었던 듯하다. 대략 수만여 권 정도의 귀중한 책들을 조선왕실 및 관청, 그리고 여러 장소의 서고에서 보관하기로 결정이 났던 것으로 추정된다. 조선왕실에서 보유하기로 한 책 중 일부가 강화도에 있던 왕실서고, 즉 나중에 외규장각으로 개칭된 곳에 보내져 그곳에 약 5천 권이 보관되었고 훨씬 많은 수의 책들은 한양 궁궐의 왕실서고에 보관되었다.

하지만 풍신수길이 일으킨 임진왜란으로 선조가 몽진(蒙塵)하고 한양의 조선왕궁이 불타면서 그곳에 있던 귀중한 서책들이 모두 사라졌다. 이때 조선의 서고 네 개 중에서 세 개가 불타서 사라졌다. 천민 출신의 풍신수길은 그의 위상을 높이기 위해 조선에 파병된 30만 왜군에게 여섯 가지를 약탈해오라고 시켰는데, 그중 한 가지가 조선의 귀중한 서책들이었다.

7년 동안의 임진왜란과 정유재란으로 조선의 361주 가운데 한양을 위시한 비교적 살림살이가 풍부하고 방어하기가 어려웠던 176개 주가 도적 떼나 다름없는 왜군들에게 유린을 당하였다. 이 주들에 보관되어 전해 내려오던 수많은 보물과 포로로 잡힌 사람들, 그리고 조선의 귀중한 서책들이 모조리 전리품이 되어 일본으로 보내졌다.

다행히 행주대첩으로 왜군의 기세가 꺾였고 강화도 주민들이 분전한 덕분에 강화도에 있던 옛날 책들은 보존될 수 있었다. 이어서 병자호란 때는 소수의 청군(清軍)에게 강화도가 점령되고 말았는데, 이 청군들이 피난 온 조정대신들의 재물을 약탈하느라 바빠서 서책 따위는 신경을 쓰지 않는 바람에 한 번 더 위기를 넘겼다.

하지만 병인양요 때에 강화도 유수 및 그 휘하들이 프랑스군의 대포소리에 놀라서 아무런 대책도 마련해놓지 아니하고 도망쳐버린 탓에, 마음 놓고 강화도의 관청과 외규장각을 접수하게 된 프랑스군인들이 그림이 아름답고 장식이 화려한 조선 의궤 200여 권은 탈취를 해가고 오래되어 낡아 보이는 귀중한 서책들은 한데 모아 불을 질러버렸다. 이리하여 4,750여 권의 귀중한 사료들이 삽시간에 잿더미가 되고 말았다.

임진왜란이 끝나고 난 뒤에 어느 정도 시간이 지나자 조선 조정에서는 사고(史庫)를 새로이 네 곳으로 정한 다음에 전란의 혼란에서 건져낸 책들을 보관하였다. 이중에서 태백산 사고에 가장 희귀본들이 많았다고 전해진다.

조선왕실과 조정에 의한 수거령과 탄압에도 불구하고 여러 귀중한 서책들이 필사되고 은닉되어 조선 후기까지 전해졌다. 동학의 유력한 접주(接主) 김계남은 젊은 시절 오래된 어느 절의 부처님 복장에 감추어져서 전해 내려오던 옛날의 희귀한 책들을 손에 넣은 뒤에 시시때때로 귀중한 책들을 수집하여 그 수가 수백 여권에 이르렀다고 한다. 한데 동학란이 실패로 돌아가고 김계남이 잡혀 죽자, 그 처가 울부짖으며 "이러한 책들에 있는 내용을 믿고 따르다가는 자손들의 씨가 마를 것이다"라고 하며 책들을 모두 거두어 마당에 내어놓고 불을 질렀다고 한다.

조선이 쇠약해지고 외세가 판을 치게 되니, 외국인들이 조선에 와서 오래된 고서들을 사거나 얻어서 본국으로 가져가기 시작하였다. 조선왕조가 쇠망해가자 일본은 조선왕조의 핵심이 되는 조선의 4대 사고에 모셔져 있던 귀중한 서책들을 송두리째 가져갈 작정을 하였다. 그리하여 일차적으로 조선사람들의 이목이 잘 미치지 못하는 오대산 사고의 책들과 태백산 사고의 책들을 몽땅 빼돌려서 일본으로 가져갔다.

가장 희귀본이 많다고 전해지던 태백산 사고의 책들은 삼척항에 은밀히 일본 배를 정박시켜놓고 조선인 인부 200명을 동원하여 4교대로 운영하면서, 산길을 타고 60일 동안 등짐으로 책들을 져 날라서 일본으로 반출하였다고 한다. 이 태백산 사고의 책들은 장기적인 식민통치를 위하여 조선에 대한 심도 깊은 연구를 하고자 동경제대 도서관에 비치되었는데 아쉽게도 관동대지진으로 화재가 나서 전소되고 말았다고 한다.

조선 백성들이 나라를 잃고 일제의 강점을 당하게 되자, 초대 조선 총독을 위시한 총독부의 관리들과 일본인 학자 및 유력자들이 조선의 귀중한 서책들을 탐내어 누가 좋은 책을 가지고 있다고 하면 빌려보고 돌려주겠다는 등의 수법으로 수많은 책들을 가져갔다. 또는 헐값에 팔도록 강요하거나 아예 강탈하는 경우도 비일비재하였다.

특히 합방 직후에는 포고령을 내려서 조선 민가와 사찰 등지에서 약 20만 권의 오래된 책들을 거두어들였다. 그리고 그 내용을 점검하여 식민통치에 방해가 되거나 식민사관 유포에 걸림돌이 되는 서책들은 가차 없이 불에 태워버렸다. 정진중에 의하면 이때 51종의 역사서가 불타서 사라졌다고 한다.

또한 일본황실의 격을 높이기 위한 방편으로 내규장각에 보관되어 있던 조선왕실 소장의 아주 희귀한 책자 200여 권을 반출하여 천황의 서고로 옮겼다고 한다. 일제 강점기 전체를 통하여 조선의 허다한 보물들이 일본인들의 눈에 띄는 대로 반출되었다.

강점기 말에 일본은 미신타파라는 명목으로 오래된 신성한 장소 700여 곳을 다이너마이트를 사용하여 폭파시켜버렸다. 이 오래된 성소들에는 고령의 알터 바위처럼 상고 문자가 새겨져 있었던 것으로 추정된다. 또한 옛날 기호형 문자가 가득히 새겨진 고인돌 2만기가 토목공사의 구실로 훼손되고 말았다.

일제 치하의 혹독함을 뚫고 보존되어 내려오던 서책들은 6.25사변으로 치명적인 위기에 직면하였다. 3년에 걸친 참혹한 전쟁으로 전체 국민의 15퍼센트 가까운 사람이 죽었으며 가옥의 90퍼센트 이

상이 폭격과 화재 등으로 불타서 없어졌다.

　그 와중에서도 학식 있는 많은 분들이 조상 대대로 전해오던 귀중한 서책들을 가슴에 품고 사선을 넘어 남쪽으로 피난을 왔다. 모진 고생으로 유명을 달리하신 분들이 남긴 귀중한 책들이 그 값어치를 제대로 모르는 후손들에 의해 피난처의 도배를 위한 초벌지로 변하기도 하였다. 하지만 용케 모든 풍파를 피하며 가문과 나라의 맥을 잇는 귀중한 책들을 보존한 분들이 계신 덕분에 오늘날 우리에게 적게나마 소중한 문화유산들이 전해지고 있는 것이다.

　한편 중국에서도 수많은 전란을 피해 내려오던 책들이 모택동이 권력투쟁을 위해 일으킨 문화대혁명의 광풍 속에서 사라져갔다. 특히 개인적으로 희귀한 고서들을 소장하고 있던 많은 사람들이 목숨을 부지하기 위하여 스스로 책들을 불태워버렸다고 한다. 홍위병들이 무분별하게 방화해버린 도가(道家) 계통 서책들과 다양한 유형의 고서들, 그리고 개인들이 은밀히 소각해버린 수많은 서책들은 오늘날 제대로 된 역사를 재현하는 데에 엄청난 손실을 초래하고 있다.

새로운 천 년을 위한 한글 발전 방향 고찰

세종대왕이 훈민정음을 창제할 때, 여러 가지 국사(國事)로 매우 바쁜 와중에 방대한 작업을 수행하다 보니 집현전 학자들의 도움을 많이 받았음에도 부족한 점들이 있었을 것이다. 허나 건강상의 문제 등으로 반포를 계속 미룰 수는 없는 상황이므로 재위 28년에 이를 반포하였다. 세종대왕은 훈민정음을 완벽하게 완성하지 못하였다고 토로한 바가 있다.

훈민정음에서는 한글 자모의 원래 뜻을 버리고 단순히 발음기호로써만 이를 활용한 탓에 오랜 세월이 지남에 따라 간소화의 길을 걷게 되어 창제 시의 28자가 현재는 24자만 활용되는 것으로 축소되고 말았다.

세종대왕이 훈민정음을 창제할 때에는 자음이 17자, 모음이 11자로 되어 있었는데 조선시대에 수백 년에 걸쳐 제대로 다듬지 아니하고 사용해온 탓에 현재는 자음이 14자, 모음이 10자로 줄어들었다. 그 결과 애초의 훈민정음에 비하여 각종 소리의 정확한 모사가 힘들어지고 발음의 된소리화가 진행되어 언어로서의 품격이 상당히 저

하되었음을 알 수 있다. 또한 상고한글 자판을 도외시하여 신성문자로서의 깊은 의미의 유지와 지속적인 발전에 지장을 초래하였다.

오늘날 급속히 발전하고 있는 뇌과학과 인지과학 및 첨단 전자기술 등과 전승된 한글의 묘용을 결합한다면 현행의 한글을 더욱 완벽한 문자체계로 바꿀 수 있을 가능성이 매우 많다. 또한 오랜 난제로 불려왔던, 한 가지 글자에 네 개의 다른 높이의 소리를 내는 사성(四聲)체계에 대한 표기도 간단히 해결할 수 있다. 이를 아래 그림에 도시하였다.

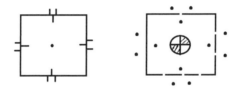

사성체계에 대한 문자 내 표시 방법

한글의 모음만을 한데 모아서 통합 자판을 만들면 그림의 왼쪽 도안이 된다. 이 첫 번째 도안을 변용하여 여기에 우리나라 국기인 태극기의 괘를 도입하면 오른쪽의 새로운 도안을 만들 수 있다. 그리고 중심점의 도안을 세분화하면 다양한 표시가 또한 가능하다. 이는 첨단 디스플레이 장치에 의한 이미지 구현과 맞물릴 때 더욱 세련된 심성에 호소하는 문자표현 형식을 창제할 수 있는 가능성을 보여준다.

또한 현행 한글 자모 체계로는 충분한 발음소의 역할을 다하기에는 일부 부족한 점이 있다. 이는 현재 쓰지 않고 사장되어 있는 자음 세 글자와 모음 한 글자를 부활시킴으로써 해결할 수 있다. 현재의 자모들을 발음할 때 뇌의 활성화 영역을 정확히 판별하고, 이때 모자라는 부분의 영역을 네 개의 자모로 표시하여 보완하면 현재보다 더욱 폭넓은 음역을 인식체계와 결합시킬 수 있다.

한글의 가능성은 아직 충분히 펼쳐지지 아니하였고 미래 발전의 여지가 많다. 오늘날은 시절이 변하여 뜻과 소리가 동시에 의미를 전달하는 문자체계가 필요하다. 이에 그대로 부합하는 것이 한글이다. 필자는 수천 년 동안 숨겨져 전해 내려오던 한글의 심원한 뜻을 전하여 우리나라가 아시아 문화 및 문명의 주인공으로 재등극하는 데에 비상의 날개로 쓰이게 하고자 이를 밝히는 바이다.

상고한글에 관한 기록과 전승들의 채록과 연구는 훈민정음의 미완성 내용들을 보완하여 더 나은 문자체계로 나아가기 위한 온고이지신(溫故而知新), 즉 옛것을 비추어 새로운 것을 만들도록 하는 작업의 출발점이라 할 수 있다.

저자 후기

이 책을 쓰게 된 동기는 파란만장한 역사적 부침을 겪어온 필자 집안의 내력으로부터 비롯되었다. 필자는 친가와 외가 및 여러 선생님들을 만나서 가르침을 받았고 또한 여러 가지 자료들도 전수받았다. 지난 100여 년에 걸친 여러 가지 사건들과 연계되어 개화바람 및 일제 식민통치문화에서 상당 부분 차단되었던 이야기들이 필자의 친가와 외가에서는 원형 그대로 후손들에게 전수된 덕분이다. 그래서 필자는 약 2천 년에 걸쳐 내려오는 구전들을 어릴 적부터 접해왔고, 그것이 이 책을 쓰는 데 커다란 원동력이 되었다.

필자의 증조할아버지는 아주 젊은 나이에 참봉이 되셨는데, 당시는 나라가 크게 기울어 망해가는 형국이었다. 증조할아버지는 경상도 관찰사가 왕명을 받고 임지에 부임할 때 임지를 먼저 가지 않고 퇴계 종손을 찾아뵙고 인사를 여쭌 후에 임지로 향한다고 할 정도로 영남 유림들에게 큰 영향력을 가졌던 퇴계 종손 할아버지의 뜻을 받들어 많은 영남 유림들과 오랫동안 교유하였다. 그러면서 유서 깊은 가문들에서 소중하게 전해져 내려온 귀한 이야기들을 알게 되었고, 그들과 함께 뜻을 합쳐 일본의 세력을 몰아내고자 하였으나 뜻을 이루지 못하였다.

증조할아버지는 경술국치 전에 대규모로 시행된 일본군의 토벌을 피하기 위해, 몽고란 때부터 조상 전래의 은신처로 사용되었던 고마실로 일가들을 모두 이끌고 피신하여 일제 강점기는 물론이고 해방 후에도 오랫동안 외부와 직접적인 접촉을 하지 않다가 1968년이 되어서야 비로소 외부와 접촉을 허용하였다. 이로써 조선시대의 정신세계가 60년간의 세월을 뛰어넘어 고스란히 이어졌고, 구전으로 전승된 고려시대와 신라시대, 그 이전의 정신세계가 현대까지 오염되지 않고 전달될 수 있었던 것이다.

필자의 외가도 3.1 독립운동 직후에 일본 교토지역으로 집단 이주하여 재일 조선인으로서 해방 직전까지 살다가 귀국한 덕분에 일제가 식민지 조선에서 시행한 여러 가지 강제교육을 받지 않고 조선시대의 구전들을 자손에게 물려줄 수 있었다.

외할머니는 남양 오씨 집안에 예로부터 전해지는 이야기들을 비롯, 여인들 사이에 전해오는 많은 이야기들을 해주셨다. 네 살 때 〈삼국지연의〉를 원문으로 암송하여 외고조 할아버지의 귀여움을 독차지했을 정도로 기억력이 비상하였고 울릉군수 박씨 댁에 시집을 갔던 왕고모 할머니도 오래된 경상도 양반댁의 부녀자들 사이에서 전해져 내려오던 재미있는 일화들을 들려주시곤 하였다.

필자의 부친은 어릴 적부터 수많은 사례를 통해 필자의 심신을 꾸준히 단련시키셨고, 일반 교육만이 아닌 다양한 교육을 위해 수많은 책들을 가져다주시며 풍성한 공부를 하도록 독려하신 후에 때를 보아 집안의 소중한 구전들을 물려주셨다. 또한 고려 무인의 후손이자 제대로 된 선비의 후손으로서 조상의 얼을 제대로 알도록 하기 위해 필자에게 한문 공부를 시켜 〈사서삼경〉, 〈고문진보〉와 〈당시선〉

등은 물론 여러 훌륭한 불경, 도경 등을 원문으로 읽고 그 뜻을 참구하게 하셨다. 또한 집안에 전해져 내려오는 가장들을 정리하고 한글로 번역하여 수십 권의 책자로 만드는 문중사업에 적극 참여하였고, 그렇게 만들어진 책자들을 가져다주어 읽어보게 함으로써 오랫동안 집안 어른들에게 전승되어 내려온 사실과 일화들을 필자가 명확하게 숙지할 수 있도록 하셨다.

필자는 대구의 김 선생님과 서울 김 선생님을 위시해서 가르침을 주신 여러 선생님들을 통해서 여러 가지 귀중한 전승과 수련법들을 터득하게 되었다. 같이 수련하던 여러 도우들에게서도 그들 집안에서 대대로 전해져 내려온 귀중한 전승들을 들을 수 있었다. 또한 남해도의 서 선생님을 위시하여 여러 깊은 곳을 다니면서 만나게 된 여러 선생님들의 가르침으로부터 참으로 많은 계도를 받았다.

서교수의 도움으로 국립 서울대학교에 소장된 여러 가지 자료들을 섭렵할 수 있는 소중한 기회를 얻었고, 주교수에게서는 〈도장〉을 위시한 구하기 힘든 옛날 자료들에 적힌 지식들을 얻었고 또한, 여러 학우들과 선후배들로부터도 많은 중요한 이야기들을 들을 수 있었다. 특히 평생에 걸쳐 채록한 구전과 수련결 및 자료들을 전해주신 금현 선생님께 참으로 큰 감사를 올리는 바이다.

한편 외국 유학을 통해 많은 고고학적 자료와 문헌들을 접하고, 현대의 과학적 분석 방법과 논리를 체득하게 된 것도 난삽한 옛날 자료들을 어느 정도 체계적으로 분류하는 데 큰 도움이 되었다.

살아생전에 부친과 모친께 책을 써서 바침으로써 기르시고 가르치신 은혜에 보답하고자 하였으나, 부족한 바가 많은 탓에 제대로 뜻을 이루지 못하고 돌아가신 지 수년이 지나서야 비로소 탈고를 마치게 되었다. 집안 어른들과 여러 선생님들의 각별한 지도와 소중한 자료들을 물려받았으나, 타고난 재주가 미욱하여 진갑을 지난 나이가 되어서야 비로소 물려주신 것들에 대한 물미가 트여 이제야 책으로써 그 내용을 펼쳐낼 수가 있게 되었다.

이 책을 부모님의 영전에 바치고, 또한 가르침을 주신 모든 분께 봉헌한다.

주요 참고문헌

1. 산해경(山海經), 저자 미상, 장수철 옮김, 현암사, 2005년 12월 7일.

2. 옥추경(玉樞經), 저자 미상, 황병진(黃炳震) 역(譯), 대흥기획(大興企劃), 1991년 7월 1일.

3. 사마천(司馬遷), 사기(史記)

4. 허신(許愼), 설문해자(說文解字)

5. 조옥구(趙玉九), 21세기 신 설문해자, 도서출판 백암, 2005년 7월 25일.

6. 도선국사(道詵國師), 구천현묘비서 내외경(九天玄妙秘書 內外經), 이두환(李斗煥) 발행,
   지선당(知詵堂), 1996년 6월 20일.

7. 일연(一然), 삼국유사(三國遺事)

8. 김부식(金富軾), 삼국사기(三國史記)

9. 조선왕조실록(朝鮮王朝實錄)

10. 훈민정음 해례(訓民正音 解例)

11. 정도전(鄭道傳), 고려사(高麗史)

12. 최남선(崔南善), 국민조선역사(國民朝鮮歷史), 동명사(東明社), 1946년,

13. 신채호(申彩浩), 조선 상고사(단재 신채호전집), 1972년, 단재 신채호 선생 기념 사업회.

14. 정명악(鄭命岳), 국사대전(國史大全), 광오이해사(光吾理解社), 1976년 5월 5일.

15. 정명악(鄭命岳), 정치경제원론(政治經濟原論), 대성문화사(大聖文化社),
    1980년 7월 15일.

16. 최남선(崔南善), 국민조선역사(國民朝鮮歷史), 동명사(東明社), 단기 4279년 12월 15일.

17. 정인보(鄭寅普), 조선사 연구(朝鮮史 研究), 서울신문, 1946년 9월 15일.

18. 김원룡(金元龍), 한국문화(韓國文化)의 기원(起源), 탐구신서(探究新書) 201, 1980년 3월 25일.

19. 손홍열(孫弘烈), 도설(圖說) 한국사(韓國史), 현암사(玄岩社), 1977년 11월 30일.

20. 이기백(李基白), 한국고대사론(韓國古代史論), 탐구당(探究堂), 1974년.

21. 전병훈(全秉勳), 선불가진수어록(仙佛家眞授語錄)

22. 황우연, 천부(天符)의 맥(脈), 우리출판사, 1988년.

23. 이학근(李學勤), 고문자학(古文字學) 첫걸음, 하영삼(河永三) 옮김, 동문선(東文選), 1991년 6월 20일.

24. 장화(張華), 박물지(博物志), 임동석(林東錫) 역주, 고즈윈, 2004년 10월 25일.

25. 정연종, 한글은 단군이 만들었다, 죠이정 인터내셔날, 1996년 12월 20일.

26. 다물(多勿), 다물회(1987년 2월 25일 국방과학 연구소 내 창립) 발행 (1994년 7월 1일 이후 월간 발행)

27. 진성이씨 화수회, 열화(說話)(1-16), 1980년 5월~1995년.

28. 이이화, 한국사 이야기, 한길사, 1998년 6월 20일.

29. 세계의 문자연구회, 세계의 문자, 김승일 옮김, 범우사, 1997년 1월 10일.

30. David Fontana, The Secret Language of Symbols, Duncan Baird Publishers Ltd, 1993년.

31. Legeza, Ireneus Laszlo, Tao Magic, Pantheon Books, 1975년.

32. Allen G., Berman and Alex G. Malloy, "Warman's Coins & Currency", 2nd ed., Chilton Book. Company, 1977년.

33. Georges Jean, 문자의 역사, 시공디스커버리 총서, 이종인 옮김, 1995년 2월 4일.

34. 코린 드벤-프랑포르, 고대 중국의 재발견, 김주경 역, 시공사, 2000년 3월 15일.

35. Bibliotheque Nationale de France, Monnaies de Chine, 1992년 8월.

36. 新, 신의 역사, 동문선 문예신서 9, 홍희 역, 1990년 4월 7일.

37. 張光直, 신화 미술 제사, 이철 역, 동문선 문예신서 18, 1990년 11월 15일.

38. 서울대학교 박물관, 발굴유물도록, 1997년 12월 5일.

39. 국립중앙박물관, 1997년 8월 5일.

40. 박세무(朴世茂), 동몽선습, 이상기 욕, 전원문화사, 2001년 5월 10일.

41. 김대문, 화랑세기, 이종욱 역주, 소나무, 1996년 6월 26일.

42. 조선일보사, 집안(集安) 고구려 고분벽화, 1993년 11월 15일.

43. 조하선, 베일 벗은 천부경, 물병자리, 1998년 11월 20일.

44. 허대동, 고조선 문자, 도서출판 경진, 2011년 4월 30일.

45. 하마다 고사쿠, 발해국 흥망사, 신영희 역, 동북아역사재단, 2008년 3월 19일.

46. 대야발, 단기고사, 고동영 옮김, 한뿌리, 1986년 5월 20일.

47. 이선복, 고고학 이야기, 뿌리와 이파리, 2005년.

48. 유재건(劉在建), 이향견문록(里鄕見聞錄), 이상진 해역, 자유문고, 1996년 11월 5일.